管理素质的五项修炼

GUANLI SUZHI DE
WUXIANG XIULIAN

熊勇清 ◎ 著

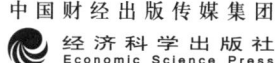

图书在版编目（CIP）数据

管理素质的五项修炼/熊勇清著．—北京：经济科学出版社，2020.6
ISBN 978-7-5218-1676-1

Ⅰ.①管… Ⅱ.①熊… Ⅲ.①企业管理-案例 Ⅳ.①F272

中国版本图书馆 CIP 数据核字（2020）第 114449 号

责任编辑：李 雪 高 青
责任校对：靳玉环
责任印制：邱 天

管理素质的五项修炼
熊勇清 著
经济科学出版社出版、发行 新华书店经销
社址：北京市海淀区阜成路甲 28 号 邮编：100142
总编部电话：010-88191217 发行部电话：010-88191522
网址：www.esp.com.cn
电子邮箱：esp@esp.com.cn
天猫网店：经济科学出版社旗舰店
网址：http://jjkxcbs.tmall.com
固安华明印业有限公司印装
710×1000 16 开 11.75 印张 180000 字
2020 年 8 月第 1 版 2020 年 8 月第 1 次印刷
ISBN 978-7-5218-1676-1 定价：36.00 元
（图书出现印装问题，本社负责调换。电话：010-88191510）
（版权所有 侵权必究 打击盗版 举报热线：010-88191661
QQ：2242791300 营销中心电话：010-88191537
电子邮箱：dbts@esp.com.cn）

前　言
管理五项修炼，带你走向卓越管理

　　为什么你在业务领域游刃有余，却被几个团队成员搞得晕头转向？为什么你兢兢业业，从早忙到晚，团队业绩却始终难以提升？为什么你是大家心目中的能人，却始终得不到领导的赏识？

　　面对诸如此类问题，你也许很茫然……

　　管理五项修炼，为你释疑解惑，带你走向卓越管理。

一、开启精彩人生，你需要学会卓越管理

　　管理充满着神奇的魅力，我们每一个人的日常生活和事业，都离不开卓有成效的管理。管理科学的开山鼻祖泰勒（Taylor）的个人体能极其一般，却获得过全美网球赛双打冠军和奥运会高尔夫球赛的第四名，泰勒根据自己的身体条件设计了独特的网球拍和高尔夫球杆，通过借助这些工具来改善自己不利的身体条件，从而获得了竞争优势，这就是管理学的智慧在我们日常生活中的一种运用。

　　我们每个人的职场更是离不开卓有成效的管理。在职场中，任何一项工作的开展都需要对人、财、物等资源进行高效地整合、协调和利用，这其中就蕴含着大量的客观规律，管理科学揭示了这些规律，并创造了与之相适应的管理手段和方法，我们只有遵循这些规律，用好这些方法和手段，才能减少因违背管理的基本规律而造成的低效率和失误。正如著名管理学者哈罗德·孔茨（Harold Koontz）所说："管理人员如果不掌握管理科学，则只能是碰运气，凭直觉"。

　　我们处于挑战与机遇并存的变革时代。精彩人生，源于卓越管理。唯有谙熟管理之道，善用资源并加以协调整合，方能迎来个人生活和事业的辉煌。

二、卓越管理，究竟应该如何学

管理有着极其复杂的知识体系，要想掌握这些知识体系，必须要借助科学的学习方法。现实生活中，为什么不少人将管理的条条框框熟记于心，却总是无法成为一个好的管理者？其实，单纯熟记管理的基本原理是难以成为一名卓越的管理者，正如现代管理学之父彼得·德鲁克（Peter F. Drucker）所说，管理是一种实践，其本质不在于"知"而在于"行"。因此，管理的学习，只有嵌入具体场景，才有可能做到学习过程中的"知行合一"，并进一步内化成为实际工作中的自觉行为。

我曾经以访问学者的身份在美国硅谷学习、研究过一年。在这一年中，我观摩了哈佛大学商学院（Harvard Business School）、伯克利大学哈斯商学院（Haas School of Business, University of California–Berkeley）等全球顶尖商学院的商业精英培训。这些商学院培养了一批批商业精英，它们的管理培训有两个特点：一是强调"情境嵌入"，通过模拟、重现管理的场景，为学员提供"情境嵌入"式的学习场景；二是强调"实战演练"，主要是通过课堂内外的案例研讨，帮助学员将显性的管理理论、方法、概念转化为隐性的感受、认同、决断能力。

显而易见，要想成为一名卓越的管理者，我们就必须找到好的学习方法，"情境嵌入"和"实战演练"是全球顶尖商学院打造卓越管理者的基本范式。

三、成就卓越管理，从五项修炼开始

本书借鉴全球顶尖商学院打造卓越管理者的基本范式，将卓越管理的素质与能力归纳为五项修炼：第一项修炼（审时度势、科学决策）、第二项修炼（积极态度、高效执行）、第三项修炼（高效组织、优秀文化）、第四项修炼（人员配备、有效激励）、第五项修炼（卓越领导、变革创新）。全书由30多个专题讲座构成，选用了真实、生动的"小""微"案例近100个，讲解了"西游记团队的管理启示""国际知名快餐品牌MD公司是如何进入中国市场"等大型案例。通过"大""小""微"三类案例，再现管理场景，将晦涩的管理讲述得简明易懂，让你在轻松的"情境嵌入式"的学习场景中领略管理的魅力。

此外，本书还构建了由"困惑与思考"和"学以致用"等环节所构成的"实战演练"范式。在"困惑与思考"环节,给出实际案例并提出相应思考题,应用相关知识点开展深度分析;在"学以致用"环节,留下具有一定"挑战度"的开放性案例题(或思考题),借助"学银在线"等网络平台与广大读者开展互动讨论,并给出相应解决方案。

四、本书使用建议

本书是卓越管理训练的案头必备读物,不仅适合在职管理人员业余学习、公司内部培训,同时可以作为经济管理类专业学生和 MBA 学员的教材。我们拍摄制作了本书配套的讲座视频"管理素质与能力的五项修炼",该讲座视频在"中国大学 MOOC"(https://www.icourse163.org/)、"学银在线"(http://www.xueyinonline.com/)等平台上线以来,已有数万人学习观看,被多家大型企业指定为管理素质与能力培训的必修课程。本书读者可以学习、观看,并可持续获取电子资源支持。

本书的讲座视频及"学以致用"部分案例题的分析观点,本书读者可以扫描以下二维码获取①。

(经济科学出版社)

(学银在线)

管理成就企业,管理成就人生,我们热忱地希望与广大读者朋友建立广泛交流,共同探索管理的真谛并付诸实践。

熊勇清
2020 年 7 月 1 日

---

① 权责说明:经济科学出版社已获"学银在线"二维码使用授权,但本出版社不对"学银在线"平台的内容及相关观点负责。

CONTENTS 目录

第1章 认识管理与管理学 ... 1
- 1.1 管理之道在于借力 ... 2
- 1.2 管理不可以简单照搬 ... 5
- 1.3 管理需要讲究技巧 ... 10
- 1.4 管理的职能与角色定位 ... 15
- 1.5 汲取百年管理的精华 ... 21
- 1.6 案例分析：个人优秀的意义并不大 ... 31
- 1.7 案例分析：西游记团队的管理启示 ... 35

第2章 第一项修炼：审时度势、科学决策 ... 39
- 2.1 洞察环境大势（一）：宏观环境分析的PEST法 ... 40
- 2.2 洞察环境大势（二）：竞争格局分析的"五力模型" ... 45
- 2.3 掌握战略决策利器——"SWOT分析"和"BCG矩阵" ... 50
- 2.4 善用群体决策工具：德尔菲法和头脑风暴法 ... 55
- 2.5 案例分析：国际知名快餐品牌MD是如何进入中国市场的？ ... 61

第3章　第二项修炼：积极态度、高效执行 …… 64
- 3.1　态度决定一切 …… 65
- 3.2　态度的核心与关键 …… 69
- 3.3　如何改变员工的态度？ …… 73
- 3.4　伦理道德与核心价值观 …… 78
- 3.5　责任心与执行力 …… 84

第4章　第三项修炼：高效组织、优秀文化 …… 89
- 4.1　高效组织建立中的基本问题 …… 90
- 4.2　如何选择合适的组织结构？ …… 94
- 4.3　高效沟通的技巧 …… 103
- 4.4　打造优秀的组织文化 …… 107
- 4.5　案例分析：销售部的责任 …… 111
- 4.6　案例分析：辞职风波 …… 116

第5章　第四项修炼：人员配备、有效激励 …… 123
- 5.1　如何招聘到"好员工"？ …… 124
- 5.2　激发员工的工作潜能 …… 127
- 5.3　准确了解员工的需求 …… 132
- 5.4　把握激励过程很重要 …… 139
- 5.5　善用不同的强化方式 …… 143

第6章　第五项修炼：卓越领导、变革创新 …… 147
- 6.1　有效领导者的实质 …… 148
- 6.2　领导特质是天生的吗？ …… 152
- 6.3　如何选择领导风格？ …… 155
- 6.4　领导模式讲究权宜因变 …… 160

6.5 创新与企业家精神 …………………………………… 164
6.6 管理创新的两个新趋势 ………………………………… 168

参考文献 ……………………………………………………… 173
后记 …………………………………………………………… 174

第 1 章

认识管理与管理学

本·章·概·览

1.1 管理之道在于借力

1.2 管理不可以简单照搬

1.3 管理需要讲究技巧

1.4 管理的职能与角色定位

1.5 汲取百年管理的精华

1.6 案例分析：个人优秀的意义并不大

1.7 案例分析：西游记团队的管理启示

1.1 管理之道在于借力

> **困惑与思考：刘邦为什么能从平民跃升为一代开国皇帝？**
>
> 刘邦是中国历史上第一位平民出身的皇帝，他从秦末的农民起义中崛起，在兵不过几万人的情况下，击败了勇武过人的项羽，建立了大汉帝国。刘邦究竟有什么样的过人才智？
>
> 史书记载，刘邦"文不能书，武不能战"。起事之初，刘邦很多事都听萧何的，然后是张良，他为刘邦运筹帷幄、出谋献策，再然后是韩信，他的军事能力和战斗力也在刘邦之上。
>
> ▶▶**请思考**：为什么萧何、张良和韩信都不能成为皇帝，刘邦却能从平民跃升为一代开国皇帝？

什么是管理？这并不是一个很简单的问题，当我们翻开中外不同版本的管理学教材，大家就会发现，不同的教材对于管理的定义存在一些差异。站在不同的角度，不同的管理学者对于管理有着不同的思考，所强调的重点不完全一样。目前多数管理学者所认同的是由管理科学开山鼻祖泰勒（Taylor）提出的观点。泰勒认为：管理就是通过协调他人的活动，达到与他人一起或者通过他人的努力来实现组织目标。

从泰勒关于管理的定义中，我们可以看到管理者的任务就是：通过管理者有效地组织协调，最大限度地发挥团队成员的积极性，通过他们的努力去更好地实现组织目标，这是管理者与操作者的区别所在。

管理者通常可以划分为四个层次：自己干，别人不干；自己干，别人也干；自己不干，别人干；自己不在现场，别人还在玩儿命干。第一个层次"自己干，别人不干"，实际上是一个不合格的管理者，他并没有发挥管理者的职能。管理者的最高层次是第四个层次"自己不在现场，别人还在玩儿命干",这个层次的管理者必然是由于他建立了完善的管理体系,并掌握了高超的管理技巧,这是我们管理者不懈努力的方向。

"管理之道在于借力",翻开人类历史,王者以借取天下,智者以借谋高官,商人以借盈大利。不善于借助外力之人,往往平庸一生;而善于假借外力之人,往往名利双收,功成名就。借他人之花献自身之佛,借朋友之助登事业之巅,借天时地利圆成功之梦。正如《劝学》中所说:"登高而招,臂非加长也,而见者远;顺风而呼,声非加疾也,而闻者彰。假舆马者,非利足也,而致千里;假舟楫者,非能水也,而绝江河。君子生非异也,善假于物也。"借物是生存竞争的重要法则,而借力则是管理之道的第一法则。借力就是整合资源,一个优秀的管理者必须是一个优秀的资源整合者。很多人做事都有一个原则,那就是"竭尽自己的全力"。这无疑是正确的,也是必需的。但是,对于管理者而言,此"力"非彼"力",不能认为这是自己所具备的力量,而是你所能支配或借助的所有力量,比如上级领导的力量、团队和其他同事的力量,外部的力量,当然还有下属的力量。

借力首先是借助内部资源,管理人员的基本使命就在于借助部属的力量。高层领导借助中层主管的力量,中层主管借助基层主管的力量,基层主管则借助普通员工的力量,去完成组织的目标。在历史上,唐太宗就是一位善于借力的优秀管理者,他任用官员不分亲疏贵贱,凡是有才之人,都能得到重用。如房玄龄和杜如晦,前者善谋,后者能断,两人默契配合,同心报国,被并称为"房谋杜断",如此优秀的团队对于实现"贞观之治"是相当重要的。唐太宗就是借用每一位下属的优势去管理整个国家,真正做到了"管理之道在于借力"。

借力,还包括借助组织外部资源。很多成功者并不是自身能力有多强,而是他能整合更多的组织外部资源。要达成组织的目标可以有两个办法:"造船过河"和"借船过河"。显而易见,"造船过河"对于组织内部资源要求更高,更需要实力。而在高度专业化分工的今天,一个人或一个组织通常都不可能拥有所有的资源。所以,具有管理智慧的人,通常都会通过整合资源来借力，也就是通过"借船过河"来达成组织目标。

让我们回到本节开篇的"困惑与思考"，为什么刘邦能从平民跃升为一代开国皇帝呢？刘邦登位那一年的6月份，他在洛阳的南宫召开庆功宴。在宴席上，刘邦总结了自己取胜的原因："论运筹帷幄之中，决胜于千里之外，我不如张良；论抚慰百姓、供应粮草，我又不如萧何；论领兵百万，决战沙场，百战百胜，我不如韩信。可是，我能做到知人善用，发挥他们的才干。"刘邦能够当上皇帝，正如他自己所说，他善于调动身边的资源，利用众人的力量，为自己的霸业开道。

作为一名好的管理者，一定要有"资源"的眼光和意识。我在平时的管理工作中，有时也会给一些人安排工作、下达目标，经常有人对我说："我就这么一点资源，怎么可能去完成这么大的一项任务？"我就会对他说："你在考虑你可以去完成的任务和实现的目标时，不能够仅仅只考虑到你'拥有'哪些资源，而是必须同时考虑到，你除了'拥有'这些资源外，还可以'整合'哪些资源。"请大家思考一下，我们在设立公司或个人目标的时候，我们是不是应该从这个角度去确定我们可以实现的目标。

管理学有一个"奥格尔维定律"（Ogilvy's Law），大致意思是说"每个企业家都雇用比自己更强的人，企业就能发展成为巨人公司；如果你所用的人都比你还差，那么他们就只能做出更差的事情"。因此，一个优秀的管理者就必须是一个优秀的资源整合者，要学会借力，"管理之道在于借力"，这是管理者与操作者的重要区别之处。

核心要点

管理就是通过协调他人的活动，达到与别人一起或者通过别人的努力去实现组织目标的行为。

管理之道在于借力，管理人员的基本使命就在于借部属的力量，去完成组织的目标及员工个人的目标，高层主管借中层主管的脑力，中层主管借基层主管的脑力及体力，基层主管则借普通员工的体力。这是管理者与操作者的区别所在。

作为一名好的管理者，一定要有"资源"的眼光和意识，一个优秀的管理者一定要是优秀的资源整合者。

> **学以致用：王君的问题出在哪里？**
>
> 　　王君是一位优秀的推销员，被提拔为公司的销售科长，共领导9位推销员。王君被提拔为科长以后，仍然继续保持"光荣传统"，主要精力还是亲自跑业务，个人业绩仍然很突出，但是却受到上级的批评。
>
> ▶▶**请思考**：王君的问题出在哪里？

1.2　管理不可以简单照搬

管理不可以
简单照搬

> **困惑与思考：海尔"6S大脚印"水土不服的原因是什么？**
>
> 　　海尔集团公司的管理模式一度成为我国许多企业学习的典范。在海尔集团公司所有生产现场都可以看到一双大脚印，这双大脚印叫"6S大脚印"，这是海尔公司在生产现场管理方面所独创的一种方法，是在日本5S管理基础上发展而来的。
>
> 　　6S是整理、整顿、清扫、清洁、素养、安全六项工作的日文或英文单词首字母，具体含义是：整理，留下必要的，其他都清除掉；整顿，有必要留下的，依规定摆放整齐，加以标识；清扫，工作场所看得见看不见的地方全部要清扫干净；清洁，维持整理、清扫的结果，保持干净亮丽；素养，每位员工养成良好习惯，遵守规则，有美誉度；安全，一切工作都要以安全作为前提。

> 海尔公司每天下班前都要召开班后总结会，如果有哪一位员工违反了6S中的任意一条，这位员工就要站到这双大脚印上自我反省，听取其他员工的建议。通过这种"负激励"，有效地规范了员工的日常行为。每天在6S中表现优秀的员工，也会站在这双大脚印上介绍自己的先进经验，把好的工作方法同大家分享，这是一种"正激励"。在海尔公司，"6S大脚印"管理方法已经深入到每一个员工的血液中，做到了6S，他们会感到非常骄傲，做不到就会感到耻辱，进而修正自己的行为。
>
> 作为一种有效的现场管理方法和优秀的企业文化，"6S大脚印"不仅在海尔的中国工厂全面推广开来，同时也在海尔的海外工厂得到了实施。但是，"6S大脚印"在海尔美国工厂却遇到了文化上的障碍，海尔公司美国工厂的员工根本不愿意站在这双大脚印上充当"反面教员"。"6S大脚印"这种富有特色的海尔管理方法在漂洋过海后开始了它的本土化过程，在海尔公司的美国工厂，每天只是由工作表现优异的员工站在"6S大脚印"向同事们介绍经验。
>
> （资料来源：参考董盟君：《海尔全球行》，载于《人民网》2002年5月22日。）
>
> ▶▶请思考：为什么海尔的"6S大脚印"到了美国却"水土不服"？

要想成为一名优秀的管理者，我们首先必须把握管理科学的基本属性，古语有云：天行有常，不为尧存，不为桀亡；天之道，不争而善胜，不言而善应；人法地，地法天，天法道，道法自然。可见，万事万物遵循"道"的重要性。道也就是客观规律，管理也不例外，如果遵循其道，将如庖丁解牛游刃有余，以四两拨千斤之态成就功业，否则困难重重，事倍功半。那么，要遵循规律，就必须先了解其规律是什么。管理科学有着与其他科学不完全一样的地方，管理具有二重性，不仅具有与生产力相联系的"自然属性"，同时也具有与生产关系、社会文化相联系的"社会属性"。

首先，管理具有"自然属性"。管理的过程就是对人、财、物、信息、时间等资源进行组合、协调和利用的过程，其中包含着许多客观的、不因社会制度和社会文化的不同而变化的规律。管理理论揭示了这些规律，并创造了与之相适应的管理手段、管理方法。管理活动只有遵循这些规律，利用这些方法和手段，才能保证生产等各种组织活动的顺利进行。管理这种只与生产力发展水平相关的属性，就是管理的"自然属性"，这是管理科学与其他科学相同的属性。成功的管理模式往往是规律的一种体现，是一种"自然属性"的体现。由于管理具有"自然属性"，因此，对于其他国家、地区、企业的成功管理模式，我们可以大胆地借鉴。

然而，管理是不可以简单照搬的。在 A 企业成功的管理模式，简单照搬到 B 企业并不一定可以带来相同的成功。管理是人类的活动，管理的直接对象也是人，所有的人都生存在一定的生产关系、社会文化中，必然要受到生产关系的制约和社会文化的影响。不同的生产关系、不同的社会文化都会使管理思想、管理目的以及管理的方式方法呈现出一定的差别，从而使管理具有特殊性和个性。因此，管理既是生产关系和社会文化的体现和反映，又反作用于生产关系和社会文化。管理总是与一定的组织环境、社会环境和人文环境息息相关的，这就是管理"社会属性"的体现。由于管理同时具有"社会属性"，因此在大胆借鉴其他国家、地区、企业成功管理模式的时候，我们必须与企业自身的情况和所在的社会环境相结合。如果简单照搬其他企业的管理模式，就有可能"淮橘为枳"，同样一套管理模式或管理理论，在 A 企业带来的是成功，在 B 企业带来的可能就是失败。

我们来看看现实生活中的一些实际案例。在曾经的互联网创业大潮中，中国很多成功的商业模式都是来自美国的硅谷模式，这些创业者习惯于利用硅谷和中国之间的时间差，把硅谷热门初创公司的商业模式复制到中国本土进行快速创业，但是大多数创业者在复制了硅谷的模式后都快速地走向了失败。例如,今夜酒店初期就是模仿美国红极一时的 Hotel Tonight 酒店,Hotel Tonight 酒店在美国每个城市只做三家酒店,这种精品酒店的模式可确保每家酒店都能获得大量订单,从而加强话语权。今夜酒店发展初期就采用每个城市只做少数几家精品酒店的方法,但实际效果特别差。这里有以下几点是值得总结的。首先,今夜酒店特价的模式忽略了中美酒店市场的巨大差异。美国超过80%的酒店都是深入人心的连锁品牌,用户容易感知打折力度;而中国这个数据不足20%,独立酒店多,消费者在不熟悉的情况下,巨大折扣会使大家质疑其品质[1]。其次,今夜酒店特价的模式忽略了中美交通状况的差异。美国汽车普及度很高,强大的价格因素容易驱使大家开车到较远的地方去住酒店。而从中国目前情况来看,并非人人都有车,而且大城市交通拥堵,这等于扼杀了用户驱车去住很远的低价酒店的冲动。人们更愿意选择距离近并且性价比高的酒店。

再如,曾成功运作"校内网"的许朝军创办了"点点网",试图复制国外轻博客网站 Tumblr 的辉煌,但事与愿违,点点网最终没能达到市场的预期。背后的原因同样是中美经济和文化背景的不同导致用户存在差异。Tumblr 式的轻博客代表着小众文化,在美国,生活水平高、假期多又喜欢分享的用户群体大,但这些条件中国国内的点点网不具备。再加上微博和豆瓣两个社交平台挤压了轻博客的生存空间,创业一年后点点网就陷入了艰难维持的状态。

即使一些成功的跨国连锁店如肯德基等,也不能没有本土化。例如在印度的肯德基餐厅,店里卖两种风味的食品,一种是国际通行的大众化的肯德基食品,另一种是印度风味的肯德基食品,里边有咖喱等印度特色材料。印度风味的肯德基食品卖得特别火,总是有人在排着长队。这说明即使是已经被全世界人民都普遍接受的东西,也需要根据不同地域的情况开展一些适应性的本土化改进。

---

[1] "今夜酒店浮沉路:一半决策错了". 腾讯科技,2013 - 12 - 6.

让我们回到本节开篇的"困惑与思考","6S 大脚印"在海尔公司国内工厂的成功应用,是由于它体现了管理活动中的"规律",这是管理自然属性的体现。海尔公司美国工厂初期照搬"6S 大脚印"而失败,并不是这种管理模式本身的错误,而是由于不同社会文化和传统产生了不同思维方式。不同文化背景和社会制度下的企业,其管理方式也是不同的。中外文化存在较大差异。一般都认为,东方文化重人情、讲面子,心理上的接受顺序是:"情""理""法",而西方文化重视契约,心理接受顺序是:"法""理""情";东方人尊重传统权威,西方人蔑视权威;东方人推崇集体主义,西方人强调个人主义;东方人相对含蓄内向、谨慎谦虚,西方人则立场鲜明、直截了当。因为这么多的不同,西方和东方所建立和适应的管理方式就会不同,如果直接用东方人的管理方式来管理西方人,企业就会出现重大文化冲突。因此,在一个地区成功的管理经验,在另一个地区并不一定都能带来成功,管理模式必须与所在企业的实际情况相结合,简单照搬通常是行不通的。

核心要点

管理具有二重性,不仅具有与生产力相联系的"自然属性",同时也具有与生产关系、社会文化相联系的"社会属性"。

管理有着与生产力相联系的客观规律,并且这种规律不因为人、组织和环境的变化而变化,管理这种只与生产力发展水平相关的属性,就是管理的"自然属性"。

管理总是与一定的组织环境、社会环境和人文环境息息相关的,这就是管理"社会属性"的体现。

由于管理具有二重性,因此在大胆"借鉴"其他国家、其他地区、其他企业成功的管理模式的时候,我们必须与企业自身的情况和所在的环境相结合,决不能简单地照搬。

> **学以致用**:麦当劳在中国市场"本土化"方面是如何做的?
>
> 麦当劳(McDonald's)是全球大型跨国连锁餐厅,1955年创立于美国芝加哥,在世界上拥有数万间分店。麦当劳于1990年进入中国市场,获得了巨大成功。
>
> ▶▶ **请思考**:从管理的自然属性和社会属性角度分析,麦当劳进入中国市场之后,在管理本土化方面是如何做的?

1.3 管理需要讲究技巧

管理需要讲究技巧

> **困惑与思考**:面对员工私下发泄,你会如何做?
>
> 假如你是一家公司的部门经理,某一天,你发现一位下属在业余时间用你的照片制作了一张恶搞你的表情包,并且把这个表情包转发给了公司内的一些同事。这时,你会怎么做呢?
>
> A. 故意装作不知道,认为这是员工发泄不满情绪的途径
>
> B. 利用一个轻松的时机(如聚餐、外出、旅游等),装作很随意的样子向这位下属提起这件事,了解他这么做的原因,并进行沟通交流
>
> C. 直接颁布一个规定,禁止任何时间在公司做与工作无关的事情
>
> ▶▶ **请思考**:你将会做出上述哪种选择?为什么?

成功的管理,靠科学还是靠艺术?这曾经是一个颇具争议的话题。人们关于这一问题的争论,主要是由于大家所站的角度或立场存在差异。认为管理是一门科学,强调的是管理活动中的知识积累与规律发现;认为管理是一门艺术,强调的是管理活动中人际交往技巧以及管理的不断变革和创新。现在,人们普遍认识到管理既是一门科学,又是一门艺术。正如著名的管理大师罗斯·韦伯(Ross Weber)所说:"没有

艺术的管理科学是危险而无用的，没有科学的管理艺术则只是梦想。"管理既具有科学性，又具有艺术性，完美的管理必须是科学性与艺术性的有机结合。

　　管理首先是一门科学。管理作为一种活动，尽管在各种组织当中是纷纭复杂并且各具特色的，但是人们经过无数次的实践，总结出了一系列反映管理活动客观规律的理论和方法，可以让其他人在面对同样的管理问题时有规可循、有据可依，并提高管理活动的成功率。人们利用这些理论和方法来指导自己的管理实践，又以管理活动的结果来检验这些理论和方法是否行之有效，从而使管理的理论和方法在实践中得到不断的验证、丰富和发展。因此，管理的许多内容可以提炼为科学知识体系，管理具有规范化和合理化的特点，具备科学的特征。从管理的实践情况来看，管理的发展也促进了生产的进步和经济的发展，如泰勒（Taylor）的科学管理，在提高管理水平的同时也促进了生产效率的提高，泰勒的科学管理原理如今已发展成为工业工程学。以人为本的管理已发展成为如今的行为科学，将数学运用于管理已发展成为现今的运筹学。由此可见，管理的内容本身就可以发展为科学知识体系，充分证明了管理的科学性。

　　科学管理注重自然规律、客观数据、规范、规则，学好管理学，就能减少因违背管理的基本科学规律而造成的低效率和失误。正如著名管理学者哈罗德·孔茨（Harold Koontz）所说："医生不掌握科学，几乎跟巫医一样。管理人员不掌握管理科学，则只能是碰运气，凭直觉，或用老经验。"由于管理有规律可以遵循，是一种知识积累，因此我们可以通过学习去掌握它，并在原有基础上得到提升。这正是我们来到管理课堂，学习管理相关原理和方法的目的所在。我们希望通过学习，尽可能多地掌握其中的规律，并指导我们的管理实践。

　　然而在实际工作中，不同的管理者应用相同的管理学原理，却不一定都能达到相同的管理效果。例如，张三和李四在工作中应用了一条相同的管理原理，有时候你会发现张三的管理效果很理想，李四的管理效果却一团糟。原因在哪里？其原因就在于管理不仅仅是一门科学，同时也是一门艺术，它要求我们在应用管理的相关原理时，要特别注重方法和技巧。尽管管理具有科学性，但管理却不是一门精确的科学，管理者在应用相关原理与方法时，要根据实际情况激发灵感、讲究方法和技巧、发挥创造性，这就是管理艺术性的体现。管理的艺术性，表现为灵活高超的管理才能和艺术化的管理方法，这是打开管理活动奥妙的钥匙。管理的艺术性具有多种表现：首先，表现为管理需要凭借人的直觉、经验和洞察力。直觉、经验和洞察力通常是难以用语言文字来表述的，而直觉、经验和洞察力的运用是非常灵活的，是富有创造性的，这正是管理艺术性的巧妙之处。其次，管理过程中有些问题是难以精确并量化的，无法用数学模式去规范化，也没有现成的程序可以效仿。例如，人的潜能和行为、各种偶然事件，等等，都依赖于管理的艺术性来处理。

曾经有这样一家民营企业，公司经营效益一直相当不错，每年春节放假之前，公司老板都会给每个员工派发一个3000元的大红包。但是到了这一年，由于受各方面因素的影响，公司所在行业非常不景气，又到了春节要放假了，老板将公司的家底盘算了一下，发现最多只能给每个员工发300元红包。大家想想，如果公司老板简单地将300元红包发下去，能够达到一个好的激励效果吗？这位老板很聪明，他没有简单处理这个事情。他首先是通过小道消息传出去："同行业很多公司都在裁员了，我们公司下一步也计划要裁员了。"消息传出去之后，公司员工人心惶惶。又过了几天，老板突然宣布开会，大家更紧张了！早两天还只是传说，传言今天就要变为现实了。老板把大家召集起来，认真地分析了公司的经营状况，并接着说："公司这一年的经营状况很差，同行业很多公司都在裁员了，大家也一定听说了，我们公司也曾经想通过裁员的方式渡过难关。但是公司高层经过认真研究，最终作出决定，一个员工也不裁减，大家一起同舟共济，共渡难关。"老板话声刚落，员工是一片欢呼，心头的石头都落了地。老板话锋一转，对大家说："但是呢，往年我们要给每个员工发一个红包，今年无论如何也发不出了。"话音刚落，马上有员工回应："没关系啦，只要公司不裁员，红包无所谓了！"

到了春节放假的前一天，按惯例要开总结会并给员工发红包了。但谁也不对红包抱有任何希望。老板把大家召集来，对下一年工作进行了安排。宣布散会时，老板轻描淡写丢下一句话："请每个员工去领 300 元的红包。"员工又是一片欢呼。请大家思考一下，简单地将 300 元红包发下去，同经过这一过程后再将红包发下去相比，哪一种方式的效果更好呢？显然，后一种方式更理想。因此，管理不仅仅是一门科学，同时也是一门艺术和技巧。

让我们回到本节开篇的"困惑与思考"，最佳的选择是哪一种方式呢？假如我们选择 A 方案，这是不符合管理的科学性原则，科学的管理注重自然规律、客观数据、规范和规则，如果管理者无视员工的错误行为，那么管理的威严何在？如果不了解问题的根源在哪儿，下次员工可能会更加肆无忌惮；如果我们选择 C 方案，不符合管理的艺术性原则，太过于注重管理规则的约束力，将会使员工倍感压力，员工的工作积极性和工作效率将可能降低。我们认为，最佳的选择应该是 B，管理既是一门科学也是一门艺术，管理者在注重管理的规则的同时，还必须讲究技巧与方法，要学会做一名宽容大度的管理者。人都有犯错误的时候，甚至会有"一念之差"，如果管理者没有容人之量，就很难形成一个团结战斗的集体，也很难调动一切可以调动的积极因素。

管理的艺术性不仅仅要求我们讲究方法与技巧，同时要注重的是灵活多变、创新创造。管理者必须在管理实践中发挥积极性、主动性和创造性，因地制宜、审时度势地将管理知识与具体管理活动相结合，才能进行有效的管理。管理艺术性是管理思维的升华，是管理变化创新的灵魂。管理的科学性与艺术性相互补充、相辅相成，管理是科学性与艺术性的有机统一。

核心要点

管理既具有科学性，又具有艺术性。

科学管理注重自然规律、客观数据、规范、规则，学好管理学，就能减少因违背管理的基本科学规律而造成的低效率和失误。

艺术的管理注重的是灵活多变、创新创造、情感认知和审美感悟，艺术性是一种思维的升华，带来活跃与发展，是管理变革创新的灵魂。

管理的科学性与艺术性相互补充、相辅相成。管理是科学性与艺术性的有机统一。

学以致用：上司斥责你的下属，你应该如何处理？

假如你是公司的部门主管。有一天，你叫你的一位下属写份报告给你的上司，由于时间紧迫，报告写完后你没有时间看，就叫那位下属把报告直接交给了你的上司。而你的上司，看完报告后，怒气冲冲地走进你们的办公室，无视你的存在，把这份报告扔在那位下属面前，指着他说："你写的是什么报告？你还想不想干了？"

你有以下三种选择：

A. 站出来说："是我让他写的，责任由我来负！"

B. 不打断上司，等上司走后，安慰一下那位下属

C. 为了表示不是你的责任，跟上司一起指责你的下属

▶▶ 请思考：你会选择怎么做？为什么？

1.4 管理的职能与角色定位

管理的职能与角色定位

> **困惑与思考**：孙军在一天的工作中，充当了哪些角色？
>
> 孙军是公司的总经理，今天刚上班，就遇到员工辞职的事情。采购部的小张因为早两天被公司安排外出学习，而耽误了一项工作，受到了主管的批评，小张觉得非常委屈，便提出了辞职。孙军在了解事情经过后，耐心安抚了小张，小张心里舒坦了很多，撤回了辞呈。送走了小张，孙军开始翻阅公司新产品的顾客反馈，结果看到许多顾客反映产品质量存在问题，这令他很是担忧，他计划在明天下午的生产质量例会上要重点解决这个问题。
>
> 之后，孙军来到车间巡视。在车间，他发现小王和小李两位主管正为一项方案发生争执，孙军了解情况后，当即作出了决定。下午三点，根据预先的安排，孙军同一个重要的客户共进下午茶，随后进行了谈判，并签下了一份金额颇大的订单。
>
> 下班时间到了，孙军丝毫没有回家的意思。他明天上午应邀要回母校做一个主题演讲，需要提前准备好演讲内容。过几天要召开公司总结大会，还有不少的细节需要考虑。
>
> ▶▶**请思考**：孙军这一天的工作中，体现了管理者的哪些职能与角色？

管理者的作用是通过一些具体的职能体现出来的，那么，管理的职能又有哪些呢？20世纪初，法国管理学者亨利·法约尔（Henri Fayol）最早提出管理职能，他认为管理具有五项职能：计划、组织、指挥、协调和控制。在管理科学经过100年发展后的今天，几乎所有的管理学者仍然认同管理具有这五大职能。不过，在具体应用过程中，一些学者将指挥、协调两种职能合并称为"领导",因此,管理的职能也可以表述为四项:计划、组织、领导和控制。

管理的第一项职能是"计划","计划"职能就是对组织未来环境的发展趋势做出预测,根据预测的结果和组织所拥有的资源建立相应的组织目标,并在此基础上制订出具体的方案和措施。管理的"计划"职能,用一个字表述就是"谋",谋定而后动,古人云:凡事预则立,不预则废。凡事在做之前,首先要确定一个方向,方向不对,做事就会南辕北辙。一个科学性、准确性很强的计划,对于我们的工作将起到事半功倍的作用。好的计划应该由"5W1H"六个要素构成,即:做什么(What)、为什么做(Why)、什么时候做(When)、在哪里做(Where)、谁来做(Who)、以什么方式来做(How)。我们判断一个计划是否完整,必须看计划中是否包含了"5W1H"这六个要素。在现实工作中,很多人编制的计划,都是"缺胳膊少腿"的。它可能明确了做什么,要做这个事情的理由和依据,但是并没有明确什么时候做、在哪里做、谁去做,或者如何去做。缺少"5W1H"中的任何一个要素,都不是一个完整的计划。

管理的第二项职能是"组织","组织"职能是指为了实现组织的共同目标而确定组织内各要素及其相互关系的活动过程,"组织"职能的具体内容主要包括:组织结构设计、人员配备。简单地说,管理者既要对公司内部结构的层次进行设计,还需要合理地选配人员以及做好人员培训工作。管理的"组织",用一句话概括就是要做到"上下同欲者胜",不仅自己要明白"我应当如何工作",还要做到"我们应当如何工作的"。也就是说仅仅自己明白怎么工作还不够,还要让别人明白我是如何工作的,要把各种资源进行有效组织、合理运用。

管理的第三项职能是"领导","领导"职能就是通过各种手段或方法,包括指挥、激励、协调和沟通等,对组织成员施加影响,通过他们的努力来完成工作目标。"领导"的实质是影响人们去努力实现组织目标的过程。"领导"的三部曲:一是自己要知道组织或团队要到哪里去——"定向";二是让别人也知道要到哪里去——"沟通";三是营造氛围,让别人愿意跟你到哪里去——"激励"。在管理的计划、组织、领导和控制这四项职能中,"领导"职能更多体现的是"艺术性",而其他的管理职能更多体现的是"科学性"。"领导"这项职能要求我们不断创新与变革。需要注意的是,管理的"领导"职能是对每一个管理者的普遍要求,并不是只有处于较高"层级"的领导者,才需要发挥"领导"职能,处于任何一个"层级"的管理者,都是需要发挥"领导"职能的。

管理的第四项职能是"控制","控制"是判定组织是否正朝着既定的目标健康地向前发展,并在必要的时候及时采取矫正措施。一个组织要完成哪些任务、解决哪些问题,就要"重视什么,考核什么"。把这些重点工作及指标纳入对员工的奖惩制度,做到全员考核、全员检查、全员监督,每个人都是制度的维护者,也是制度的执行者。"控制"的内容包括对人员、财务、作业、信息和组织效率五方面的控制,"控制"职能几乎包括了管理人员为确保实际工作与组织计划相一致所采取的一切活动。

管理的四项职能是相互联系、相互制约的,四项职能是统一的、不可分割的,只有全面协调这四项职能,使之成为管理活动的整体,才有可能保证管理活动的效果和效率,从而高效地实现组织目标。

我们来看一个实际案例:李平在一家电子商务公司营销策划部门工作已有五年时间了,工作经验越来越丰富。有一天,营销策划部门经理被调任其他部门,公司领导征求李平意见,让他接手营销策划部门经理。李平很是激动,这是他人生中第一次从个人贡献者变成管理者,同时他也信心满满,向公司领导保证能够将部门工作做得更好。但是没过多久,李平就发现,做营销策划部门的经理远远不如做职员来得得心应手。在安排相关工作的时候,李平都会亲自将具体的实施方案和措施,向部门的人员安排得明明白白,但是部门人员的工作结果通常都和李平的预期大不相同。这个问题到底出在哪里呢?在现实管理工作中,我们经常会发现，很多管理者履行管理职能其实都是不到位的，他们可能只注重了管理的其中几项职能，而忽视了管理的其他一些职能。例如，案例中的李平，他在履行自己的管理职能过程中，只注重了计划、组织这两项职能，但是并没有很好地发挥领导、控制这两项职能，所以才会出现工作开展的实际结果和预期结果不一样的情况，这是典型的管理职能没有完全履行到位，是管理者的一种失职。

履行任何职能，是需要掌握一些基本技能的。那么，要履行好管理的这四项职能，管理者必须具备哪些技能呢？美国哈佛商学院教授罗伯特·卡茨（Robert L. Katz）认为，作为一名管理者，需要具备三大技能：技术技能、人际技能、概念技能。技术技能是指运用某一特定领域的工艺、技术和知识完成组织任务的能力。人际技能就是同人打交道的能力，包括联络、处理和协调组织内外人际关系的能力，激发组织内外人员积极性和创造性的能力等。概念技能又称为决策技能，是指对事物的洞察、分析、判断、抽象和概括的能力，也就是分析判断问题并作出正确决策的能力。在一个组织中，管理者一般可分为高层、中层和基层管理者，不同层次的管理者对于管理技能的要求是不一样的。高层管理者需要把握全局，对于概念技能有着较高的要求。基层管理者主要管理的是一线员工，他需要掌握一定的技术才能更好地服众，因此基层管理者应具备更高的技术技能。

在管理的三大技能中，不论对于哪一个管理层次的人员，人际技能始终是核心技能。管理就是管事、管人，事情也是通过人去完成的，因此管理说到底就是同人打交道，很难想象一个不具备人际技能的人可以成为一个好的管理者。"世事洞明皆学问，人情练达即文章"，要在管理者的位置上坐好坐稳，离不开与周围人群良好的关系，包括上级、下属、同行、客户，等等。如果我们希望将自己打造成为一个好的管理者，我们应该着力训练提高的最重要的一项技能就是"人际技能"。

管理者在实际工作中要面对各种各样的事务，每个管理者所扮演的角色都不是单一的，往往是多重角色的重叠。美国管理学家亨利·明兹伯格（Herry Mintzberg）认为："角色就是属于一定职责或者地位的一套有条理的行为"，他将管理者归纳总结为三个方面十种不同但高度相关的角色，在人际关系方面，管理者是挂名首脑、领导者、联络者；在决策制定方面，管理者是创业者、混乱驾驭者、资源分配者、谈判者；在信息传递方面，管理者是监控者、传播者、发言人。如图1-1所示。

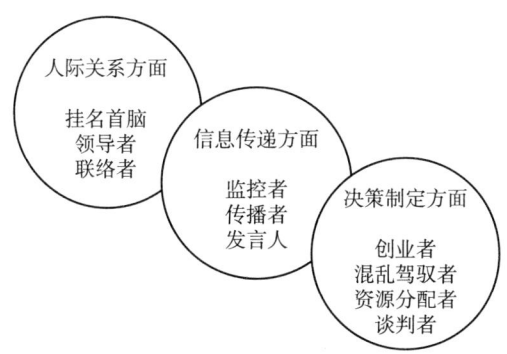

图1-1 管理者的十种角色

资料来源：作者整理。

让我们回到本节开篇的"困惑与思考"，孙军这一天的工作中，体现了管理者的哪些职能与角色？在听到小张抱怨后，立即找小张了解事情经过并解开了他的心结，这体现了管理中的"领导"职能，孙军充当了"人际关系方面角色"；公司的新产品顾客反馈不乐观，他决定在会议中重点解决，体现了管理中的"控制"职能，孙军充当了"决策制定方面角色"；在车间听到小李和小王争执时，当即作出决定，体现了管理中的"领导"职能，孙军充当了"决策制定方面角色"；翻阅顾客反馈资料、巡视车间，体现了管理中的"控制"职能，他充当了"信息传递方面角色"；与客户共进下午茶、应邀参加主题演讲，体现了管理中的"领导"职能，他充当了"人际关系方面角色"；为公司总结大会做准备，体现了管理中的"领导"职能，他充当了"决策制定方面角色"。可以看出，孙军作为一名管理者，在工作中需要履行不同的管理职能，并且充当多种类型的角色。任何一名管理者，在实际工作中都应该发挥多种职能以及不同角色的作用，这样才有可能高效地实现组织目标！

同时，管理者与普通员工是有着不同的角色定位的，当一个员工晋升为管理人员之后，在角色定位上必须相应转变。我们来看一个案例，某公司长沙营业部的小张，由于前期个人业绩比较突出，被任命为团队经理。小张刚晋升后的一段时间，还是陆续会有单，虽然已晋升，但他的业务还是在继续，这就需要他花大量时间去处理个人业务，导致团队日常管理工作不到位。如团队招聘工作滞后、队员进来后没有时间辅导、没有时间追踪，等等。经过了三个月的时间，小张团队的业绩一直处于长沙营业部的后几名。从这个案例中，我们可以很明显地看出：小张没有从骨干员工的角色转换为团队经理的角色，导致团队经营不善。骨干员工是个人贡献者，接受管理，接受公司价值观，通过个人完成工作及个人业绩，注重于"事"；团队经理是基层管理者，管理下属，传播公司价值观，通过他人或团队完成工作达成团队业绩，着重于"事"和"人"。角色转换对于一个管理者的发展尤为重要，想要成为优秀的管理者，就必须做好角色认知与转换。

核心要点

管理的四项职能为：计划、组织、领导和控制。管理的职能是相互联系、相互制约的。

管理者应具备三大技能：技术技能、人际技能、概念技能。

管理者扮演着三方面的角色：人际关系、信息传递、决策制定。

管理者只有全面协调四项职能，掌握三大技能，充分发挥各个角色的作用，才有可能保证管理活动的效果和效率。

> **学以致用**：中层或基层的管理者，需要履行"领导"职能吗？
>
> 有人认为，高层管理者才需要履行"领导"职能，中层管理者，特别是基层的管理者应该是"执行"。
>
> ▶▶**请思考**：你是否赞同这个观点，作为一名中层或基层的管理者，是否需要履行"领导"职能？

1.5 汲取百年管理的精华

> **困惑与思考**：查理为什么会精神失常？
>
> 流水线生产是泰勒科学管理原理在实际管理工作中的一种具体应用，但是在实际应用中也饱受争议。美国电影艺术家卓别林主演的电影《摩登时代》中的主人公叫查理，是一家工厂流水线上的一名钳工，每天的工作就是拧紧螺母。单调而又疯狂的机械劳动使其精神失常，看见人的鼻子、纽扣等圆形的东西，他就忍不住要用扳手拧紧。
>
> ▶▶**请思考**：查理为什么会精神失常？科学管理原理难道有问题吗？

管理科学相对于其他一些学科来说，是一门非常年轻的学科，管理学直到 19 世纪末才发展成为一门独立的学科，但是人类从事管理实践的历史非常久远。纵观管理科学发展的百年历史，我们可以将管理科学发展的历史大致划分为这样几个阶段：19 世纪末以前，称为早期的管理思想与管理实践阶段；19 世纪末至 20 世纪 30 年代，称为古典管理理论阶段（科学管理理论阶段）；20 世纪 30 年代至 1945 年"二战"结束，称为新古典管理理论阶段（行为科学理论阶段）；"二战"结束后，称为现代管理理论阶段。回顾管理科学发展历史，我们会发现一个鲜明的特征：先进的管理思想始终是同先进的生产力相伴随的，世界的管理中心通常都是和世界的经济中心相重合的。

管理科学发展的第一阶段是"早期管理思想的萌芽与实践"阶段。这一阶段又可以分为两个时期。在第一次产业革命之前，好的管理思想和管理活动主要出现在四大文明古国；从18世纪60年代开始，英国等西方国家开始进行产业革命，生产力有了极大的发展，迅速发展成为经济强国，这个时候，我们可以发现好的管理思想和管理活动主要出现在英国等西方国家。这一时期，最有影响的管理学者就是英国的亚当·斯密（Adam Smith）和查尔斯·巴贝奇（Charles Babbage）。

亚当·斯密于1776年出版了他的代表作《国富论》，这不仅仅是一本经济学著作，同时也是一本管理学著作。在《国富论》中，亚当·斯密以制针业为例，提出了管理学中第一个提高劳动效率的管理方法——"劳动分工"。在亚当·斯密开展的"制针业试验"中，试验之前，每个工人都需要独立完成制作一根针的全部工序，每个工人一天平均可以制作10根针。在试验中，亚当·斯密将制针过程分解为若干工序，每个工人只负责其中一个工序：一个人专门负责"抽线"，另一个人专门负责"拉直"，第三个人专门负责"剪断"，第四个人专门负责"磨尖"，第五个人专门负责"钻孔"。结果呢，平均每人每天可以生产480根针。为什么前后产量会有如此大的差别呢？亚当·斯密认为，是劳动分工增加了每个工人的技术熟练程度，从而大大提高了生产效率。为此，亚当·斯密提出了管理科学中第一个提高劳动效率的有效方法——"劳动分工"。我经常会请大家思考这样一个问题：管理是不是生产力？亚当·斯密所开展的"制针业试验"给了我们很好的答案，在制针业试验中，没有任何技术进步，只是施加了一些简单的管理（劳动分工），生产效率就有了显著的提高。因此说，管理就是一种生产力，没有管理，人才、技术和资金就无法形成合力。管理是支配整个企业的。技术通常只能作用在一块，从某个角度而言，管理的进步比单纯的技术进步更重要。

"早期管理思想的萌芽与实践"阶段的另一位著名管理学者是英国学者查尔斯·巴贝奇。巴贝奇于1832年出版了其代表作《论制造业节约》，巴贝奇根据自己走访英国和欧洲大陆制造业的亲身经历，奉劝当时的经理人员尽量采用劳动分工。他总结了劳动分工提高生产效率的七个方面原因：节省了学习所需要的时间；节省了学习期间所耗费的材料；节省了从一道工序转移到下一道工序所需要的时间；经常从事某一工作，肌肉能够得到锻炼，不易引起疲劳；节省了改变工具、调整工序所需要的时间；重复同一操作，技术熟练，工作速度较快；注意力集中于单一作业，便于改进工具和机器。查尔斯·巴贝奇关于劳动分工好处的解释要比亚当·斯密更加全面、细致。

"早期管理思想的萌芽与实践"时期尽管出现了一些好的管理实践、好的管理思想，也出现了像亚当·斯密、查尔斯·巴贝奇这样的杰出管理学者，但是总体上来看，这一时期的管理思想还是比较零散，管理作为一门系统的科学，并没有形成。

管理科学发展的第二阶段是"古典管理理论"阶段，又称为"科学管理理论"阶段。泰勒（Taylor）、法约尔（Henri Fayol）、韦伯（Max Weber）是这个时期有重要影响的三位杰出管理学者。第一位是美国的管理学者泰勒，管理科学正式形成和产生就是以泰勒1911年所出版的《科学管理原理》这本书作为标志的，《科学管理原理》的出版，代表着管理作为一门系统的科学正式形成。人们常说"管理百年史"，就是从1911年泰勒出版《科学管理原理》开始计算，管理作为一门科学，到今天大致就是100年的历史。因此，泰勒也被誉为"科学管理之父"，是管理科学的开山鼻祖。

泰勒的科学管理理论包括了几个方面的内容：

（1）科学管理的中心问题是提高劳动生产率。泰勒的这一个观点，首次明确了科学管理的中心问题，具有十分重要的意义。我们在今天的管理工作中，仍然认为：管理的核心命题就是提高劳动生产效率。

（2）科学制定劳动定额的原理。由于当时劳动复杂程度逐步提高，制造业主所感到困惑的是：不知道如何去制定一个合理的劳动定额。泰勒通过"时间研究"和"动作研究"两种方法，提出了科学制定劳动定额的方法，有效地解决了制造业主的这一困惑。泰勒所进行的著名的"搬运铁块实验"很好地体现了"时间研究"和"动作研究"两种方法。"搬运铁块试验"是泰勒于1898年在伯利恒钢铁厂产品搬运班组进行的，产品搬运班组工人的日常工作就是要把92磅重的生铁搬运到30米之外的铁路货车上，每人每天平均可以搬运12.5吨，日工资为1.15美元。通过长时间的观察试验，泰勒将工人搬运的姿势标准化，他认为按照这一标准化劳动动作，每人每天平均可以搬运48吨，他要以这个数字作为劳动定额。为此，泰勒找来一名工人进行试验，按照标准化动作对这位工人简单训练后，这位工人果然每天可以搬运48吨。其他的工人经过简单训练后，同样每天可以搬运48吨，劳动效率提高了将近四倍，而工人的日工资也提高到了1.85美元，工人与工厂实现了共赢。

（3）能力要与工作相适应。泰勒认为，要提高劳动生产率，就必须为每一项工作挑选"一流的工人"。"一流的工人"并不是当时很多人所认为的"体格健壮"的工人，泰勒认为，如果一个"体格健壮"的工人所从事的是"灵巧型"的工作，他就可能并不是一个"一流的工人"。"一流的工人"基本条件是：具有与某项工作相匹配的能力，并且愿意从事该项工作。

（4）标准化原理。泰勒认为，要用科学知识代替个人经验，一个很重要的措施就是要实施劳动工具标准化、操作动作标准化。为此，泰勒进行了第二项著名的试验："铁锹试验"。当时工厂的铲运工人都是从自己家里带铁锹来上班，这些铁锹大小不一。堆料场中的物料有铁矿石、煤粉、焦炭等，每个工人每天实际能够完成的工作量为16吨。由于物料的密度不一样，每把铁锹到底负载多少才合适呢？泰勒经过反复试验，发现铁锹负载21磅对工人是最适合的。根据试验的结果，泰勒针对不同的物料设计出不同形状和规格的铁锹。此后，工人不用从家里自带铁锹，而是根据每天物料的不同，从公司领取相应规格的铁锹。由于设计出了标准化的劳动工具，平均每人每天的操作量从 16 吨提高到 59 吨，工人的日工资从 1.15 美元提高到 1.85 美元，工作效率大大提高。

(5) 实行有差别计件工资制。即根据工人所完成任务的情况，采用有差别计件工资制，鼓励工人超额完成工作定额。

(6) 计划与执行相分离。泰勒主张要成立专门的计划部门，也就是管理部门，负责计划工作，而工人只负责执行。这一思想，实际上是主张将"管理"与"执行"分开，对于推动"管理"工作的"职业化"有着积极意义。

(7) 实行"职能工长制"。泰勒主张将管理的工作予以细分，每一个管理者只承担一种管理职能。

(8) 工人和雇主两方面都必须进行一场"精神革命"。工人和雇主要从对立转向合作，共同为提高生产效率而努力。

泰勒的科学管理理论在 20 世纪初得到了广泛的传播和应用，有许多人也积极从事管理实践与理论的研究。这一时期，追随泰勒管理主张的学者还有：亨利·甘特（Herry L. Gantt）、吉尔布雷斯夫妇（Frank B. Gilbreth & Lillian M. Gilbreth）与亨利·福特（Herry Ford）等。泰勒及其追随者的理论与实践共同构成了"泰勒制"，人们称以泰勒为代表的学派为科学管理学派，科学管理理论在历史上第一次使管理从经验上升为科学。

"古典管理理论"阶段第二位杰出管理学者是法国的法约尔（Henri Fayol）。法约尔的一般管理理论是西方古典管理思想的重要代表，他提出了"管理十四项原则"和"管理的五大职能"。管理的十四项原则包括了劳动分工、职权与职责、纪律、统一指挥、统一领导、个人利益服从集体利益、合理报酬、集中、等级链、秩序、公平、人员的稳定、首创精神和集体精神。管理的五大职能则是指计划、组织、指挥、协调与控制。法约尔的管理思想同泰勒的管理思想都是古典管理思想的杰出代表，泰勒的管理思想偏重于具体层面、操作层面管理问题的研究，而法约尔管理思想则偏重于宏观层面管理问题的研究。

"古典管理理论"阶段第三位杰出管理学者是马克斯·韦伯（Max Weber）。马克斯·韦伯被称为"组织理论之父"，他的理想行政组织体系理论指出，任何组织都必须以某种形式的权力作为基础，才能实现目标。韦伯认为，组织中存在三种纯粹形式的权力：理性合法的权力、传统的权力、超凡的权力。在这三种权力中，传统的权力是世袭得来而不是按能力挑选的，超凡的权力则带感情色彩并且是非理性的，只有理性合法的权力才宜作为理想组织体系的基础。马克斯·韦伯的理想行政组织体系对于现代管理具有十分重要的意义，例如，必须遵守规则和纪律，建立详尽的规章制度以及规范化的要求；明确分工、自上而下的清晰等级；职业管理人员要专业化、职业化；固定的薪金和明确的晋升制度；等等。

管理科学发展的第三个阶段："新古典管理理论阶段"。"新古典管理理论阶段"与美国管理学者梅奥（George Elton Myao）及其完成的"霍桑试验"（The Hawthorne Studies）有着直接关系。

"霍桑试验"是梅奥及其研究团队从1924年到1932年在美国西方电器公司霍桑工厂所进行的一系列实验。当时，霍桑工厂严格按照泰勒科学管理原理进行管理，泰勒科学管理原理认为人是"经济人"，工作条件和福利待遇是影响工人劳动积极性的因素，然而，霍桑工厂当时有着非常好的工作条件和福利待遇，但是工人的劳动生产效率却非常低，这让霍桑工厂当时的管理层百思不得其解。为了找到影响劳动生产效率的原因，霍桑工厂邀请哈佛大学教授梅奥来指导。梅奥及其研究团队在霍桑工厂先后开展了四个阶段的试验，被称为"霍桑试验"。

"霍桑试验"的第一阶段是"工厂照明试验"，又称为"工作条件试验"，目的是验证灯光照明强度这一具体的工作条件与工作效率之间是否存在关联。实验结果却发现，二者之间并没有单纯的直接关系。泰勒科学管理原理认为，工作条件等物质性的因素与工作效率直接相关，因此这个试验结果按照泰勒科学管理原理是无法解释的。为了找到影响工作效率的真正原因，梅奥开展了第二阶段试验：继电器装配室试验,又称为"福利条件试验",目的是验证"延长休息时间、免费提供食品点心"等福利待遇与工作效率之间是否存在关联。实验结果却发现,二者之间也没有单纯的直接关系,按照泰勒科学管理原理,这个试验结果同样是无法解释的。于是,梅奥开展了第三阶段试验:大规模访谈试验,目的是了解员工内心的需求与感受。结果发现,在这一阶段中,由于上下级关系改善了,并且注重听取员工的建议,工人的工作效率有了明显提高。这个试验结果是有着重要意义的,试验首次发现了在"工作条件""福利待遇"等"物质层面因素"之外,"精神层面的因素"也会影响到工人的工作效率,这是泰勒科学管理原理所没有涉及的。"霍桑试验"的第四阶段是"电话线圈装配工试验",又称为"团体试验"。在试验过程中,梅奥发现,工人中存在"非正式组织",也就是一些"小圈子"。这些"小圈子"对于工作效率有着明显的影响。这个试验结果同样是有着重要意义的,试验发现了在"工作条件""福利待遇"等"物质层面因素"之外,人际关系也会影响到工人的工作效率,这也是泰勒科学管理原理所没有涉及的。

梅奥于1933年出版了《工业文明中的人类问题》这本书,对"霍桑试验"进行了总结,主要观点包括:

(1) 以前的管理把人假设为"经济人",认为金钱是刺激积极性的唯一动力;"霍桑试验"证明人是"社会人",是复杂的社会关系的成员,因此,要调动工人的生产积极性,还必须从社会、心理方面去努力。

(2) 以前的管理认为生产效率主要受工作方法和工作条件的制约,"霍桑试验"证实了工作效率还取决于组织中人与人的关系。

(3) 以前的管理只注意组织机构、职权划分、规章制度等,"霍桑试验"发现除了正式组织外还存在着非正式团体,这种无形组织有它的特殊情感和倾向,对工人的行为和生产效率有着举足轻重的作用。

(4) 以前的管理把物质刺激作为唯一的激励手段,而"霍桑试验"发现工人所要满足的需要中,金钱只是其中的一部分,大部分的需要是感情上的慰藉、安全感、和谐、归属感。因此，新型的领导者应当要提高职工的满足感，善于倾听职工的意见，要使正式团体的经济需要与非正式团体的社会需要取得平衡。

（5）以前的管理对工人的思想感情漠不关心，管理人员单凭自己个人的复杂性和嗜好进行工作，而"霍桑试验"证明：管理人员，尤其是基层管理人员应该重视人际关系，设身处地关心下属，通过积极的意见交流，达到感情的上下沟通。"霍桑试验"是管理史上具有划时代意义的事件，它推翻了把人看成"经济人"的假设，为管理学开辟了一个新领域，管理学从此进入了行为科学的新时代。

"新古典管理理论阶段"时期另一位杰出的管理学者是美国的巴纳德（Chester Barnard），巴纳德提出了系统组织理论，系统组织理论的主要观点分为四个方面：一是组织是一个合作系统，巴纳德认为"组织是两人或两人以上，用人类意识加以协调而形成的活动或力量系统"，所强调的是人的行为，是活动相互作用的系统。二是组织存在有三个基本条件，即明确的目标、协作的意愿和良好的沟通。三是组织效力与组织效率原则，组织效力是指组织实现其目标的能力或实现其目标的程度，组织效率是指组织在实现其目标过程中满足其成员个人目标的能力和程度。四是权威接受理论，巴纳德认为，管理者的权威并不是来自上级的授予，而是来自由下而上的认可，管理者权威的大小和指挥力的有无，取决于下级人员接受其命令的程度。

巴纳德在组织管理理论方面的开创性研究，奠定了现代组织理论的基础，巴纳德认为，传统的组织偏重于非正式组织、非结构化的决策与沟通机制，目标也是含糊的，要将其改造成为现代组织，就必须做到三点：明确组织的目标、权力结构和决策机制，这三点是现代组织的根基。

管理科学发展的第四阶段是"现代管理理论"阶段。第二次世界大战后，随着现代自然科学技术与生产力迅速发展，许多学者结合前人的经验理论，从数学、经济学、社会学、社会心理学等各种角度，去研究现代管理问题，形成了多种管理学派。主要的学派有管理程序学派、行为科学学派、决策理论学派、系统管理理论学派、权变理论学派、管理科学学派、经验主义学派，等等。

（1）管理程序学派。管理程序学派主要研究管理的过程和职能，代表人物是美国的哈罗德·孔茨（Harold Koontz）和西里尔·奥堂奈（Sinil O'Donnell）。该学派的基本研究方法是：首先将管理人员的工作划分成一些职能，然后对这些职能进行研究，并从丰富多彩的管理实践中探求管理的基本规律，以便详细分析这些管理职能。孔茨将管理划分为五项职能：计划、组织、人事、领导、控制。

（2）行为科学学派。行为科学学派的代表人物主要是美国的赫兹伯格（Fredrick Herzberg）和马斯洛（Abraham H. Maslow），主要特点有：提倡要善于用人，进行人力资源的开发；强调个人目标与组织目标的一致性；主张恢复人的尊严，实行民主参与管理。

（3）决策理论学派。决策理论学派的代表人物是美国的赫伯特·西蒙（Herbert A. Simon）。决策理论认为：决策不是一瞬间能完成的一种活动，决策是一个复杂的过程；根据决策的性质可将决策分为程序化决策与非程序化决策；在实际生活中，人们总是根据令人满意的准则进行决策；组织设计的任务就是建立一种制定决策的人机系统。

（4）系统管理理论学派。系统管理理论学派的代表人物为卡斯特（F. E. Kast）。系统管理理论认为：组织是由人们建立起来的、相互联系并且共同工作着的要素所构成的系统，这些要素被称为子系统；组织中的任何子系统的变化都会影响其他子系统的变化。

（5）权变理论学派。权变理论学派的代表人物是英国的伍德沃德（Joan Woodward）。权变理论认为：管理的方式方法要随情况的不同而改变；要依据大量的调查研究，把组织的情况进行分类，建立模式，并据此选择适当的管理方法，要采用"if-then"的思维方式。

（6）管理科学学派。管理科学学派的代表人物是美国的伯法（E. S. Buffa）等人。管理科学学派认为：要力求减少决策的个人艺术成分，重视定量分析在管理过程中的应用；各种可行性方案均是以经济效果作为评价的依据；组织、决策的人均是理性人。

（7）经验主义学派。经验主义学派的代表人物有美国的欧内斯特·戴尔（Ernest Dale）和彼得·德鲁克（Peter Drucker）。这一学派主要从管理者的实际管理经验方面来研究管理，他们认为：成功管理者的经验是最值得借鉴的，他们重点分析管理人员的经验，然后加以概括，找出他们成功经验中具有共性的东西，使其系统化、理论化，并据此向管理人员提供实际的建议。

现在让我们回到本节开篇的案例，查理为什么会精神失常？科学管理原理难道有问题？流水线生产是泰勒的科学管理原理的一种具体应用，然而，泰勒的科学管理原理是存在缺陷的，主要表现在：把人看成是单纯追求金钱的"经济人"，只重视技术因素，而不重视人的社会因素等，过分强调员工作业效率与动作的研究；长期单调而又疯狂的重复性劳动，最终导致了像查理这样的工人出现精神失常。梅奥的"霍桑试验"及其人群关系理论告诉我们，人是"社会的人"，在管理工作中要充分考虑到员工在"经济需求"之外的"社会需求"，物质利益、技术性因素在调动员工工作积极性方面具有一定的作用，但并不是全部因素，要注重提高员工工作的丰富化程度，满足员工作为"社会人"的心理层面需要。因此，泰勒的科学管理原理在带来生产效率提高的同时，也存在一定缺陷。

核心要点

管理的历史大致可以划分为四个阶段：早期管理思想与管理实践阶段、古典管理理论阶段、新古典管理理论阶段和现代管理理论阶段。

早期管理思想的萌芽与实践阶段，以产业革命为界分为两个时期：产业革命之前，以四大文明古国的管理思想为代表；产业革命之后，以英国等西方国家的管理思想为代表。亚当·斯密提出了管理学中第一个提高劳动效率的方法："劳动分工"。

古典管理理论阶段有影响的管理理论主要有：泰勒的"泰勒制"与科学管理理论、法约尔的一般管理理论、马克斯·韦伯的理想行政组织体系理论。

新古典管理理论阶段，美国管理学者梅奥所完成的霍桑试验具有划时代意义，它推翻了从泰勒时期以来把人看成"经济人"的假设，为管理学开辟了一个新领域，管理科学从此进入了行为科学的新时代。

现代管理理论阶段进入了"百家争鸣"时期，形成了多种管理学派，主要的学派有：管理程序学派、行为科学学派、决策理论学派、系统管理理论学派、权变理论学派、管理科学学派、经验主义学派，等等。

> **学以致用**："富士康事件"是泰勒制的恶之花吗？
>
> 从 2010 年开始，富士康的一些工厂相继发生了多起员工非正常死亡事件，引起社会各界的关注。有人将沸沸扬扬的富士康事件归罪于泰勒的科学管理，因为泰勒科学管理的中心问题就是提高劳动生产率，而富士康通过对一线员工实行严格的科学管理，将这个法则运用到了极致。因此，有人认为："富士康事件是泰勒制的恶之花"。
>
> ▶▶**请思考**：你是否赞同"富士康事件是泰勒制的恶之花"这个说法？富士康事件暴露了哪些方面的问题？

1.6 案例分析：个人优秀的意义并不大

案例分析：个人优秀的意义并不大

> **困惑与思考**：如何评价"有贡献"的周兵？
>
> 周兵是一位在职 MBA 学员，最近，他向我倾诉了他在工作中遇到的一件很不开心的事情：
>
> "我今年年初刚刚被公司提拔为项目经理，上个月公司领导指派我带领几位新员工，为公司一个客户所购买的设备进行安装调试。设备

的安装调试一般需要半个月左右的时间才能完成，并且经常会面临一些特殊的难题需要处置，这对于安装调试人员的技术和经验都有一定的要求。为了防止设备安装过程出现差错，我全身心投入到设备安装调试的工作中，埋头苦干了半个多月的时间，几乎是靠我一个人的努力完成了全部工作。客户验收设备时，对于设备的安装调试工作很是满意。回到公司后，我本以为可以得到公司领导的一番赞赏，没想到在随后的绩效考核中，公司领导仅仅只给我评了一个B等级，而这几位新员工却都拿到了A等级。公司领导的评价太不合理了，我实在想不通！"

"周兵，在这项工作中，你的团队成员具体承担了什么任务，他们对你是什么看法啊？"

"这几位新员工都是刚进公司不久，在设备安装调试方面的经验和技术都比较缺乏。我对于他们的工作能力很不放心，只是安排他们做了一些简单的辅助性工作，关键性的工作都是我一个人干完的，但是他们对我好像都有些看法……"

"周兵，我认为公司领导的做法还是有一定道理的。"

"为什么？"周兵一脸茫然。

▶▶ 请思考：如果请你对周兵进行评价，你会给周兵评哪个等级？（要求：在评价过程中，不对其他成员和公司领导做任何评价）。

我在给一些公司做培训时，多次组织大家讨论过这个案例，大家争论非常激烈。有人认为，周兵完成了领导交给他的任务，从"结果导向"的角度来评价，应该给周兵评定的等级为A。当然，也有人认为应该评为B，或C，甚至有人认为应该评为D。为什么大家会给周兵评出不同的等级呢？这是因为大家所依据的绩效评价体系不完全一样。由于评价体系不相同，对同一个人当然会给出不同的评价等级。

首先请大家思考这样一个问题：作为一家企业，需要怎样一种绩效评价体系？我们的绩效评价体系是强调公司今天事情的完成，还是更应该立足公司未来长远的更好发展？

公司在不同的发展阶段，所面临的任务是不一样的，所需要的绩效评价体系也应该是不一样的。如果我们是一家处在初创期的公司，当前面临的最主要问题就是生存，在公司处于初创期这个阶段，我们主张公司的绩效评价体系应该更多地强调"今天事情的完成"，也就是"结果导向"，在这种情况下，周兵当然应该评为 A。但是，如果我们的公司已经由初创期进入到了发展期，公司的绩效评价体系显然应该要立足公司未来长期更好的发展，在这种情况下，周兵是否应该评为 A，我们就需要思考了。

再请大家思考另外一个问题：周兵是否履行了岗位职责？很多人告诉我，周兵当然是完成了组织交给他的任务呀！我的回答是：周兵只是完成了组织交给他的一件具体事情，但是并没有很好地履行岗位职责。什么是管理？管理者的职责是什么？在前面的课程中，我们曾经讲过，管理就是通过他人的努力去实现组织的目标。管理者具有双重职责，一方面是完成具体的事情，更重要的是在完成具体事情的过程中提升团队成员的能力，未来组织交付的更重要、更复杂的事情，这个团队才能够更好地完成。请大家思考一下，这一次周兵依靠单打独斗，很侥幸地完成了这项工作，这个团队下次还能够完成相同的工作吗？下一次更重要、更复杂的工作，这个团队还能够完成吗？答案是：不一定！因此，从管理者应该履行的双重职责来看，周兵并没有履行岗位职责，没有能够在带领大家完成具体工作的过程中，提升团队成员的能力。

最后，我们来给周兵评定具体等级。周兵既是专业技术人员，又是管理者，我们可以分别从这两个角色给周兵评定等级。从专业技术人员角色来评价，周兵应该被评为什么等级？很多人告诉我，周兵作为专业技术人员，当然应该评为 A。我的观点是周兵作为专业技术人员也不应该评为 A，请大家思考一下，最优秀的专业技术人员应该具备什么条件？在强调知识经济和学习型组织建设的今天，优秀的专业技术人员不仅仅是能够完成自己的工作，同时也要能够愿意将自己好的知识和经验同团队成员分享，这才是最优秀的专业技术人员。显然，如果按照这个标准，从专业技术人员角度去考核周兵，周兵最多也只能评为 B。从管理者角色考核，周兵应该评为什么等级呢？我给周兵所评的等级是 D。我认为周兵基本上没有发挥管理者的职能，作为管理者不仅仅是去完成一件具体的事情，更重要的职能是充分调动团队成员的积极性，通过团队成员的共同努力达成组织目标，管理者被赋予的使命不是让自己个人多么有能力，而是要通过团队去完成远超个体所能胜任的更大的任务。

从技术人员角色考核，周兵的等级是 B，从管理者角色考核，周兵的等级是 D，我最后给周兵评定的综合等级是 C。当然，如果给周兵评定是 C，其他成员更不应该评为 A。我们讨论这个案例的真实目的并不是去给周兵评定一个具体的等级，而是要通过这个案例让大家明白这样一个道理：管理者与操作者的职能是有区别的，管理者重要的职能是充分调动团队成员的积极性，通过团队成员的共同努力达成组织目标。

在实际工作中，我们通常会发现很多人被提拔到管理岗位后，并没有发挥好一个管理者的作用。他们可能非常尽心尽力，加班到最晚才走、不厌其烦地给员工演示操作、给员工争取更多的福利……然而团队的绩效却始终得不到提高。他们的问题就在于：没有能够实现由一个普通员工到管理者的角色转换。管理者一定要从个人贡献者转变为团队贡献者，管理者的职责不仅仅是去完成一件具体的事情，更重要的职能是要充分调动团队成员的积极性，使团队获得成长。

核心要点

管理者一定要从个人贡献者转变为团队贡献者，管理者的职责不仅仅是去完成一件具体的事情，更重要的职能是要充分调动团队成员的积极性，使团队获得成长。

管理者被赋予的使命不是让自己个人多么有能力，而是要通过团队去完成远超个体所能胜任的更大任务。

学以致用：哪些情况下可以给周兵评定为 A 等级？

"个人优秀意义并不大"这个案例中的周兵，现实生活类似的人和事经常可以碰到，这个案例可以给我们带来多方面的思考。

▶▶ **请思考：**

（1）从管理者三大技能（技术技能、人际技能、决策技能）角度，应该如何评价周兵？

（2）在哪些情况下，我们可以给周兵评定为 A 等级？

1.7　案例分析：西游记团队的管理启示

困惑与思考：唐僧是一个好的管理者吗？

《西游记》是中国古典小说中的不朽巨著，书中讲述了唐僧师徒四人所组成的团队，历经九九八十一难取经的故事。在这个团队中，师徒四人的性格、能力一直是大家讨论的话题，唐僧看似软弱实则坚韧，孙悟空有真本事、敢打敢拼，猪八戒好吃懒做、受不了苦、本事不大、毛病不少，沙僧是个老实人并且总是干些挑担子牵马的粗活。

▶▶ **请思考：** 你认为，孙悟空、猪八戒和沙僧是"优秀员工"吗？唐僧是一个好的管理者吗？

我在给一些企业进行管理培训过程中，经常会提到《西游记》中的这个团队（以下简称"西游记团队"）。西游记团队应该是中国古代最优秀的项目团队之一，西天取经如此复杂的一项任务，这个团队能够很

好地完成。唐僧就是这个项目团队最优秀的管理者和领导者。也许有人会有不同的观点：唐僧凭什么算优秀的管理者？我们冷静思考一下，大家就会发现，在西游记团队里，除唐僧之外的任何一个成员，都不可能带领大家完成西天取经任务。我认为，从管理学原理的角度来分析，唐僧具备了管理者所应该具备的素质与能力。

管理者应该具备的第一项素质和能力是什么？作为管理者，首先必须知道团队前进的目标和方向在哪里。准确把握团队前进的目标和方向，是实现组织目标的前提，也是管理者所必须具备的第一项管理素质和能力。唐僧知道西天有经取，这个目标和方向是没有错的，因此，唐僧准确把握了团队的前进目标和方向，他具备了管理者应该具备的第一项素质和条件。

管理者应该具备的第二项素质和能力是什么？作为管理者，一旦团队或组织的目标、任务确定之后，你必须坚定不移地带领着团队成员去实现这个目标。在西天取经的路途中，其他成员都有过不同程度思想上的动摇，唯有唐僧一直矢志不渝地带领着大家朝着目标和方向前进。因此，唐僧在完成目标的过程中能够坚定不移，具备了管理者必须具备的第二项素质和条件。

管理者的第三项素质和能力是什么？作为管理者，在明确团队或组织目标、任务后，你必须善于用人。善于用人包括两个方面：第一个方面是合理分工、用人所长。有人曾经写过一本书《孙悟空是个好员工》，大家读过之后纷纷表示赞同，在西游记团队里，如果没有像孙悟空这种"业务尖子"，西天取经的任务是不可能完成的。后来又有人说沙僧是一个优秀员工，大家想想也对！如果没有像沙僧这种任劳任怨、做最粗最笨最具体工作的人，西天取经的任务也是不可能完成的，所以他也是一个优秀员工。但如果有人说猪八戒也是优秀员工，大家就有争议了，好吃懒做的猪八戒怎么会是优秀员工呢？如果我们按照"德才兼备"的原则去考核他，他确实不太符合。从能力角度来看，他本事一般；从道德品质角度来看，他特别好色，动不动就要回高老庄。但是大家思考一下,在西游记团队里面,缺少了猪八戒,西天取经的任务能够完成吗?我认为不能完成,道理非常简单,如果西游记团队缺少了猪八戒,孙悟空在这个团队可能就待不下去。孙悟空每次最郁闷的时候,他是靠什么方式去排解他内心的苦闷呢?就是通过捉弄猪八戒的方式来排解内心郁闷。他拿唐僧是没有一点儿办法的,如果他欺负沙僧又有什么意思呢?猪八戒在这个团队里面实际上是充当了一个润滑剂的作用,因此他也不可缺少,也是一个优秀员工。为什么这个团队每个人都是优秀员工?因为每个人做的都是最符合自己能力类型的工作。如果把他们几个位置换一换,让沙僧去干孙悟空的事情,让孙悟空去干猪八戒的事情,那么这个团队还是个优秀团队吗?当然不是。我们可以看到,唐僧根据每个人的特点和长处,进行了合理的分工,把每个人放到了最适合他们的岗位上,用人所长。善于用人的第二个方面就是管人的艺术和技巧。大家可以看到,唐僧对孙悟空采取了怎样的管理方式呢?首先是从五指山下把孙悟空解救出来,让他有一颗感恩的心,但是像孙悟空这种牛人,我们在现实生活中也经常会碰到,他今天知道感恩,明天就有可能会忘记,因此唐僧需要用紧箍咒去约束他,他对待孙悟空实际上采取的是恩威并施的方法。唐僧能够把像孙悟空这样的牛人管理得这么到位,他当然是一个优秀的管理者。

  管理者必须具备的第四项素质和能力是什么?作为管理者,在完成团队或组织目标、任务过程中,你必须善于借力、整合资源。大家可以看到,在西天取经的路上,当遇到一些靠自己团队的力量无法对付的妖魔鬼怪时,唐僧会建议请来各路神仙好汉,善于借力,因此他是一个优秀的资源整合者。

  大家可以思考一下,作为一个管理者,如果这几个方面的素质和能力都具备了,是不是就是优秀的管理者?当然,作为现代管理者,在唐僧所具备的四项管理素质和能力的基础上,还必须不断地变革和创新,应该要超越唐僧,成为一个具有现代管理理念的新时代优秀的管理者。从下一章起,我们将从五个方面来聊一聊提升管理素质和能力的五项修炼，第一项修炼：审时度势、科学决策；第二项修炼：积极态度、高度责任；第三项修炼：高效组织、优秀文化；第四项修炼：人员配备、有效激励；第五项修炼：卓越领导、变革创新。

核心要点

优秀的管理者所应该具备的素质和条件是：掌握团队的目标和方向；在完成目标的过程中坚定不移；高超的用人艺术和技巧；善于借力、整合资源；不断的变革和创新。

学以致用：谁最适合做你的上司？

唐僧、曹操、宋江都是中国古典文学中代表性人物，他们各有一些特点。

▶▶**请思考**：如果要从唐僧、曹操、宋江三人中，推选一位作为你的上司，你会推选谁？为什么？

ID# 第 2 章

第一项修炼：审时度势、科学决策

> **本·章·概·览**
>
> 2.1 洞察环境大势（一）：宏观环境分析的 PEST 法
>
> 2.2 洞察环境大势（二）：竞争格局分析的"五力模型"
>
> 2.3 掌握战略决策利器——"SWOT 分析"和"BCG 矩阵"
>
> 2.4 善用群体决策工具：德尔菲法和头脑风暴法
>
> 2.5 案例分析：国际知名快餐品牌 MD 是如何进入中国市场的？

2.1 洞察环境大势（一）：宏观环境分析的 PEST 法

> 困惑与思考：如何分析 FG 公司面临的外部环境？
>
> 刘放云毕业于某高校电子信息专业，大学毕业后便来到 FG 公司从事企业管理工作。FG 公司是一家电子产品制造企业，一直采用 OEM (Original Equipment Manufacturer) 形式，为国外几家电子产品的知名品牌代工，订单也一直都很稳定。但是最近 1 年来，FG 公司能够拿到的新订单急剧减少。公司一些高层领导提出了"打造自有电子产品品牌，出口海外市场，加快机器换人步伐"的设想，董事长要求刘放云对宏观环境开展调研，以便帮助公司论证下一步实施"打造自有电子产品品牌，出口海外市场，加快机器换人步伐"战略的可行性。
>
> 刘放云在对宏观环境进行调研后，向董事长报告了四个方面情况：国家提出了"一带一路"倡议，鼓励将中国优势产能向海外辐射；人民币对美元汇率中间价近 2 年一直呈现下跌趋势；人工智能 AI 和 5G 技术在制造业的应用日趋普及，制造业自动化的装备提升很快；近年来劳动力短缺矛盾日益突出、人工成本明显上升。
>
> 董事长听过之后，皱了皱眉头，要求刘放云对外部宏观环境进行梳理，给出更专业化的论证。
>
> ▶▶请思考：你会建议刘放云选择怎样的专业工具来分析论证 FG 公司面临的外部环境？

企业作为一个开放系统，是从属于某个特定的社会乃至世界这一更大系统的一个子系统，这就是企业所处的经营环境，它影响并制约着企业的生产经营活动。现代企业必须保持对环境敏锐的观察能力,这将导致不同的战略选择行为。

有这样一个大家都非常熟悉的案例,甲、乙两名销售员受各自所在公司的委派,到一个小岛上去推销鞋子。到了这个小岛后,他们发现当地老百姓都是光着脚,没有穿鞋子。甲拿起电话向公司汇报:"这个地方没有市场,当地老百姓都不穿鞋子,都不需要鞋子。"而另外一名销售员乙,他拿起电话向公司汇报:"这个地方市场空间巨大,当地老百姓都没有鞋子,都需要鞋子。"甲、乙两名销售员面对的是完全相同的市场环境,但是他们所作出的理解和判断却是完全不同的,甲将这种市场环境判断为一种威胁,乙却将这种市场环境理解为一种机会。这个案例告诉我们,在绝大多数情况下,企业所面临的外部市场环境都是一样的,关键在于我们是否具备了分析环境、发现机会的能力。我们每天都可能会接触到各种各样的商业机会,关键在于我们是否具备捕捉机会的眼光和能力。

要想具备分析环境、发现机会的能力,管理者就必须掌握环境分析的一些基本工具和方法。宏观环境分析有一个成熟的分析框架——PEST模型。环境分析的 PEST 模型(P:Politics,E:Economy,S:Society,T:Technology)是指从政治法律、经济、社会文化和技术等环境的角度,分析环境变化对企业可能产生影响的一种方法。

(1) P(Politics)环境——政治及法律环境。现代企业经营活动受到政治及法律的影响是多方面的,不同的政治制度、不同的法律体系都会影响到企业的经营活动。一个地区的政局是否稳定,法律体系是否健全,对于企业的生产经营十分重要。例如,美国总统特朗普执政后,美国与我国在双方贸易方面的摩擦不断,这对中国和美国的企业都带来了很大的影响,不仅是出口企业受到影响,而且会波及大部分行业。

(2) E(Economy)环境——经济环境。在影响企业经营的众多外部环境因素中,经济环境是最基本、最重要的因素。经济环境主要包括宏观和微观两个方面的内容。宏观经济环境主要是指国家的宏观经济政策走向、居民的收入水平、通货膨胀走势、货币供应量与利率水平、产业结构的变化，等等，这些指标能够反映国民经济发展水平和发展速度，都会对企业的经营活动产生很大的影响。微观经济环境主要是指企业所在地区或所服务地区的消费者收入水平、消费偏好、储蓄情况、就业程度等因素，这些因素直接决定着企业目前及未来的市场大小。例如，近年来，随着收入水平的不断提升，国民旅游意愿显著增强，旅游经济成为我国重要的经济增长点。某著名旅游网迅速抓住消费者出游意识强烈、喜爱新鲜事物、追求简单便利等特点，利用旅游经济与网络经济发展机遇，整合高科技产业与传统旅游行业，推出线上旅游服务平台，不断为消费者提供便捷、灵活、智能和创新的服务，该家公司从一家提供传统酒店预订服务的企业，成功升级为互联网旅游企业的第一品牌。因此，把握经济大势，抢抓消费经济热点，是企业发展的重中之重。

（3）S（Society）环境——社会与文化环境。社会与文化环境主要是指人们的价值观、生活方式、风俗习惯、信仰、消费习惯，等等，这些方面的环境因素对于企业的经营活动同样有着很大的影响。我们需要把握不同社会文化环境下消费者的需求习惯和需求痛点。例如，提起国产手机品牌，大家可能都会想到华为、小米，等等。但是你可能不知道，我国还有一个称霸非洲的手机品牌叫传音。传音手机论口碑、实力，比不过华为；论现代营销，比不过小米。但是传音手机在非洲一家独大，独揽40%以上的市场份额[1]，它赢在了消费群体的细分上，即专门为非洲人做手机。传音手机站在非洲人的角度思考：他们拿手机自拍有什么痛点呢？由于非洲人的肤色偏黑，一般的手机都难以拍出理想的照片。于是传音搜集了当地人的大量照片，进行脸部轮廓、曝光补偿、成像效果的分析，根据非洲人的肤色，采用独特的定焦方式——眼睛和牙齿来定焦，在此基础上加强曝光，比其他手机的效果要好很多倍，从而帮助非洲消费者拍出了更加满意的照片。因此，传音手机一上市立刻

---

[1] "为什么国内不知名的传音手机能占据非洲40%的市场"．搜狐网，2017 - 1 - 2.

成为非洲朋友们的最爱。

（4）T（Technology）环境——技术环境。当今世界正处于新技术的变革时期，最近几年来，人工智能、物联网、新材料、新能源等新技术的飞速发展，给企业经营带来了前所未有的机遇和挑战。例如，高铁技术近年来的成熟与发展，对于民航、普通铁路等传统交通运输行业都带来了很大的挑战。但是，高铁行业也不可以高枕无忧，随着技术不断地迭代创新，超级高铁（真空高铁）的研发，给高铁行业带来了巨大挑战。超级高铁通过结合磁悬与真空技术，预计运行速度可以达到每小时上千公里，是目前我国"复兴号"高铁最高速度的 4～5 倍。因此，现代企业要时刻关注最新技术进展，不断加大技术创新的力度。

让我们回到本节开篇的"困惑与思考"，你觉得可以应用怎样的专业化工具来分析 FG 公司的外部环境？对于 FG 公司的外部环境的分析，最恰当的分析工具就是 PEST 分析方法，我们可以从 P 环境、E 环境、S 环境和 T 环境四个方面来分析论证。首先，国家提出"一带一路"倡议，鼓励要把中国的优势产能向海外辐射，这是属于政治及法律环境（P 环境）方面的因素，P 环境体现了国家意志，FG 公司如果可以把握好 P 环境的特点，就可以充分利用好国家的这些政策支持。因此，从 FG 公司的 P 环境来看，FG 公司下一步的出口战略选择是正确的。其次，人民币对美元汇率中间价近 2 年一直呈现下跌趋势，有利于出口，这是属于经济环境（E 环境）方面的因素，在这种 E 环境下，FG 公司下一步发展海外市场的思路无疑是一种顺应 E 环境的正确选择，并且公司应该将"一带一路"沿线国家和地区作为海外重点市场。再次，近年来劳动力短缺、人工成本上涨，这是属于社会文化环境（S 环境）方面的因素，由于用工成本上涨，FG 公司原有的"人工成本优势"不再存在了，打造"自有电子产品品牌"，这是顺应 S 环境变化的正确选择。最后，近年来人工智能 AI 和 5G 技术在制造业的应用日趋普及，制造业自动化装备提升很快，这是属于技术环境（T 环境）方面的因素，因此 FG 公司必须尽快实现装备升级，积极推进"机器换人"战略。不难看出，我们应用 PEST 分析工具对 FG 公司外部环境分析之后，就可以为 FG 公司下一步实施"打造自有电子产品品牌，出口海外市场，加快机器换人的步伐"战略的可行性给出非常专业化的论证了。

PEST 法为我们从宏观层面洞察环境大势提供了很好的分析工具，善用这种工具，就可以帮助企业从政治法律方面把握好政治红利，从经济环境方面判断宏观经济走向，从社会文化方面发现主力消费和劳动用工趋势，从技术方面掌握好新技术的变革趋势并提前做好战略布局。

核心要点

环境分析的 PEST 模型是指从政治法律、经济、社会、文化和技术等环境的角度，分析环境变化对企业经营活动可能产生影响的一种方法。

1. P（Politics）环境——政治及法律环境，不同的政治制度、不同的法律体系都会影响到企业的经营活动。

2. E（Economy）环境——经济环境，国家的宏观经济政策走向、居民的收入水平、通货膨胀走势、货币供应量与利率水平、产业结构的变化，等等，都会对企业的经营产生很大的影响。

3. S（Society）环境——社会与文化环境。社会与文化环境主要是指人们的价值观、生活方式、风俗习惯、信仰、消费习惯，等等，这些方面的环境因素对于企业的经营活动同样有着很大的影响。

4. T（Technology）环境——技术环境，当今世界正处于新技术的变革时期。最近几年来，人工智能 AI、物联网、新材料、新能源等技术的飞速发展，给企业经营带来了前所未有的机遇和挑战。

学以致用：光伏产业为何会迅速遭遇寒冬？

我国光伏产业在经过一段时间的狂飙突进之后，从 2011 年开始迎来了艰难的调整期，内外交困。从过热到退潮，光伏产业的发展历程给我们带来了很多思考。

> **请思考**：请查找一下我国光伏产业的相关资料，并应用环境分析的 PEST 模型，分析我国光伏产业在势头正盛之时，为何会迅速遭遇寒冬？
>
> （资料来源：《经济日报》2011 年 12 月 6 日 "光伏产业步入寒冬转机何在"，本书有修改。）

2.2 洞察环境大势（二）：竞争格局分析的"五力模型"

> **困惑与思考**：这家西餐厅面对怎样的竞争格局？
>
> 小王在商业街开了一家主题西餐厅，刚开张时因为餐厅装修风格别具特色，前来打卡的人特别多，生意很火爆。但是开张后不久，附近开了另一家西餐厅，餐厅对面又开了一家自助烤肉店和一家重庆火锅店。
>
> 小王想了想，除了这几家竞争对手外，好像还有不少，如超市售卖的各种零食小吃，商业街附近的麦当劳和肯德基，每天跑进跑出的美团、饿了么等外卖，还有商业街的中老年人服装店经营状况一直不好，有可能会关掉部分门店并改为美食城，等等。这样一算，小王感觉到处都充满了竞争对手。
>
> **请思考**：如何分析这家西餐厅所面对的竞争格局？

一个公司的生存与发展，首先必须了解公司在市场上的竞争态势或竞争格局。目前最有影响力的公司竞争格局分析工具是五种竞争力分析模型，简称"五力模型"（Five Forces Model）。"五力模型"是哈佛大学商学院教授迈克尔·波特（Michael E. Porter）于 1979 年开发并广泛应用于行业分析和公司战略研究的一种工具，如图2-1所示。迈克尔·波特认为，一个企业在市场上的竞争态势如何，取决于公司同五种力量较量的结果，这五种力量分别是：行业内现有竞争者的能力、潜在竞争者的进入能力、替代品的替代能力、供应商讨价还价的能力以及用户讨价还价的能力。因此，把握公司的竞争格局，必须从这五个方面开展分析。

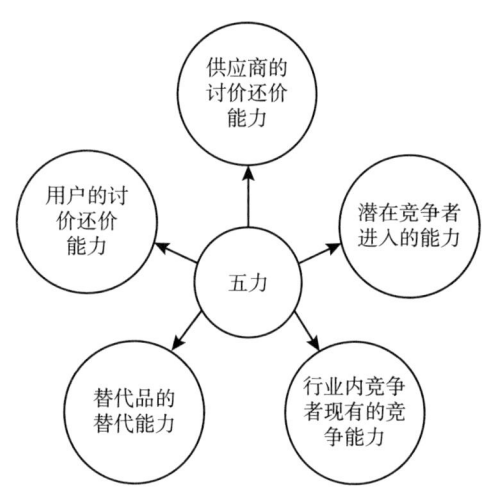

图2-1　波特五力分析模型

资料来源：作者整理。

第一个方面是"行业内现有竞争者的能力"。行业内现有竞争者的能力分析主要包括两点：一是，我们的主要竞争对手有哪些？也就是要从众多的同行中找出主要竞争者；二是，竞争者的实力强弱怎样？一个企业的竞争实力强弱，可以采用相对于行业平均水平的销售增长率、市场占有率、产品获利能力这三个指标加以衡量。

第二个方面是"潜在竞争者进入的能力"。潜在竞争者是指目前同本企业并不在同一个行业或同一个市场，但有可能进入到这个行业或市场的竞争者。潜在竞争者进入的能力分析主要是分析潜在竞争者进入特定行业的可能性,这种可能性取决于现有企业可能做出的反应,以及由行业特点决定的进入难易程度。长期以来,我们认为从一个行业进入到一个新的行业是存在"行业门槛"。但是,我们今天会发现"行业门槛"越来越低,跨界竞争现象越来越常见,也就是说企业可能面对的潜在竞争对手越来越多。例如,中国移动、中国电信、中国联通,它们过去更多的是把彼此看成是竞争对手,后来终于发现,最大的竞争对手原来并不是来自行业内部,而是来自行业外部的一些跨界竞争者,它们今天最大的竞争对手是腾讯公司。再如,目前排在手机制造商前几位的是苹果、三星、华为,它们过去哪一家是做手机的?原来排在手机制造商前几位的摩托罗拉、爱立信、诺基亚,它们今天都到哪里去了?因此,我们一定要高度重视对潜在竞争对手的分析。

第三个方面是"替代品的替代能力"。要分析判断哪些产品可以替代本企业提供的产品,哪些类型的替代品可能对本行业或本企业的经营带来威胁。十多年以前,MP3 播放器广泛流行,校园里几乎人手一个,但是这几年智能手机的容量越来越大,网速越来越快,流量也越来越便宜,于是智能手机的在线播放取代了 MP3 播放器。柯达公司的破产也印证了替代品替代能力分析的重要性,柯达公司长期依赖传统胶片产品,而对于数字科技给予传统影像产品的冲击,柯达公司管理层偏于保守,满足于传统胶片产品的市场份额和垄断地位,缺乏对市场上替代品替代能力的分析,没有及时调整公司经营战略的重心和产品结构,以致错失良机。

第四个方面是"供应商的讨价还价能力"。供应商讨价还价能力的分析有几个方面:首先,要关注企业寻找其他供货渠道的可能性,这种可能性越大,供应商的讨价还价能力越小;其次,要关注企业"后向一体化"可能性,"后向一体化"是指企业利用自己在产品上的优势,把原来属于外购的原材料或零件,改为自行生产的战略。企业"后向一体化"的可能性越大,供应商的讨价还价能力就越小;最后,要关注供应商"前向一体化"的可能性,"前向一体化"是指获得分销商或零售商的所有权或加强对它们的控制,也就是指企业根据市场的需要和生产技术的可能条件,利用自己的优势,把成品进行深加工的战略。供应商"前向一体化"的可能性越大,供应商的讨价还价能力越大。例如,2018年4月19日,美国针对中国中兴公司全面"封杀",禁止美国公司向中兴公司出口电讯零部件产品,就是由于中兴公司在芯片供应方面完全依赖美国供应商,中兴公司在与供应商竞争或谈判中处于十分不利的地位。

第五个方面是"用户的讨价还价能力"。用户讨价还价能力的大小取决于三点:首先,购买量大小,购买量越大,用户讨价还价能力就越大;其次,购买渠道的多少,是否可以同时向多个卖方购买,购买渠道越多,用户讨价还价能力就越大;最后,用户"后向一体化"的可能性,即买方是否有能力实现"后向一体化",这种可能性越大,用户讨价还价能力就越大。现在很多人去实体店,只是体验一下要购买的商品,并不是真正购物。在实体店体验之后,再到网上下单购买,由于用户可以选择的购买渠道有很多,就加大了用户讨价还价的能力。

让我们回到本节开篇的"困惑与思考",应该从哪些方面去分析这家快餐店所面对的竞争格局呢?波特的"五力模型"便为我们提供了一个很好的分析工具。第一个方面是行业内现有竞争者,附近的西餐厅,对面的自助烤肉店和重庆火锅店,都是这家西餐厅的直接竞争者。因为它们所争夺的是同一批顾客,也就是商业街中那些准备用餐的人。我们可以做一个简单的分析,每天在商业街娱乐和购物的有多少人,平均到每一家店能不能养活这家餐厅?如果不能,这家西餐厅就要警醒了:它处于一个充分竞争,甚至是过分竞争的市场。第二个方面是潜在竞争者,商业街的中老年人服装店有可能会关掉部分并改为美食城,这就是这家西餐厅可能会面对的潜在竞争者。第三个方面是替代品,如果不吃这家店的西餐,顾客还能吃什么呢?最典型的替代产品,就是每天跑进跑出的美团、饿了么等外卖,还有超市售卖的各种零食小吃、商业街附近的麦当劳和肯德基,等等。第四个方面是供应商，这家西餐厅主营的是西餐，如果它的食材是从一家最大的供应商采购来的，那么这个供应商可能同时服务几百家的客户，那这家西餐厅基本上是没有什么谈判力量的。第五个方面是用户，商业街顾客的可选择性多，可能会对比好几家餐厅，选择性价比最高的，如果商业街提供餐饮服务的商家数量多且品质好，那么这个时候顾客就有了很大的谈判力量。

可以看到，运用波特的"五力模型"，就可以对小王经营的这家西餐厅的竞争格局进行比较系统、清晰的分析，这就是波特"五力模型"这个分析工具的魅力所在。

核心要点

"五力模型"（Five Forces Model）认为，一个企业在市场上的竞争态势取决于公司同五种力量较量的结果，这五种力量分别是：行业内现有竞争者的能力、潜在竞争者的进入能力、替代品的替代能力、供应商讨价还价的能力以及用户讨价还价的能力。

行业内现有竞争者的能力分析，主要包括两点：一是，主要竞争对手有哪些；二是，竞争者的实力强弱。

潜在竞争者是指目前同你并不在同一个行业或同一个市场，但有可能进入到你这个行业或市场的竞争者。当今市场上，"行业门槛"越来越低，跨界竞争越来越多，企业可能面对的潜在竞争对手越来越多。

替代品的替代能力分析，主要是确定哪些产品可以替代本企业提供的产品，判断哪些类型的替代品可能对本行业和本企业经营造成威胁。

供应商的讨价还价能力分析，重点是关注企业寻找其他供货渠道的可能性、企业"后向一体化"的可能性或供应商"前向一体化"的可能性，等等。

用户的讨价还价能力分析，包括三个方面：第一，购买量大小；第二，购买渠道的多少，是否可以同时向多个卖方购买；第三，用户"后向一体化"的可能性，即买方是否有能力实现"后向一体化"。

> **学以致用：如何制定这家西餐厅的竞争策略？**
>
> 在本节中，我们分析了小王经营的西餐厅所面对的竞争格局。为了获取竞争优势，小王决定制定出相应的竞争策略。
>
> ▶▶ **请思考**：根据这家西餐厅所面临的竞争格局，请提出有操作性的竞争策略建议方案。

2.3 掌握战略决策利器——"SWOT 分析"和"BCG 矩阵"

掌握战略决策利器——"SWOT 分析"和"BCG 矩阵"

> **困惑与思考：如何为老张的业务战略支招？**
>
> 老张的公司致力于拓展新业务，最近聘请了一家管理咨询公司做顾问。管理咨询公司在对老张的公司进行诊断之后，给出了咨询意见："你们公司现在业务种类多，产品有竞争力但市场占有率不高，目前行业环境不错，建议你们采取 SO 战略。关于你们公司的业务板块呢，明星业务和问号业务的储备足够，需要集中资源把发展前景好的明星业务转化为现金牛业务。"老张听的是一头雾水，一点儿也听不懂。
>
> ▶▶ **请思考**：你能够给老张更具体介绍一下什么是 SO 战略吗？什么又是现金牛业务、明星业务、问号业务？

从战略层面而言，公司的发展需要回答两个问题：一是公司的总体战略思路；二是公司的业务（或产品）发展重点，"SWOT 分析"和"BCG 矩阵"是解决这两个问题的常用分析工具。"SWOT 分析"是确定公司总体战略思路的常用工具，所谓 SWOT 分析，就是在对公司内部能力的优势（Strengths）和劣势（Weaknesses），以及外部环境的机会

（Opportunities）和威胁（Threats）进行综合分析的基础上，确定公司总体战略思路的一种方法。SWOT分析的基本点，就是公司战略的制定必须使其内部能力（优势和劣势）与外部环境（机遇和威胁）相适应，以便取得企业经营的成功。其中，优劣势分析主要是着眼于公司自身资源和能力的分析，并且要与竞争对手进行比较，而机会和威胁的分析则是着眼于公司外部环境的变化及对公司可能的影响上。相同的外部环境变化，对于具有不同资源和能力的企业所带来的机会与威胁可能完全不一样，因此，公司内部资源能力的分析是与公司外部环境分析紧密相连的。SWOT分析主要有两个步骤：

第一步，分析公司内部资源能力的优势、劣势，以及外部环境的机会和威胁。内部资源能力的优势、劣势分析，简单地讲，就是与竞争对手比较，我们有哪些优势，同时又有哪些劣势？是优势大于劣势，还是劣势大于优势？外部环境的机会和威胁分析，就是外部环境有哪些机会？又有哪些威胁？是机会大于威胁，还是威胁大于机会？

第二步，在这两个方面分析基础上，优势与劣势、机会与威胁相互组合，形成SO、ST、WO和WT四种战略，并明确公司的具体战略思路。

SO战略，即优势与机会组合战略，是依靠公司内部优势，并充分利用外部机会的一种"增长型"战略。如果一家公司目前所处的环境是优势大于劣势，机会大于威胁，就应该实施SO战略。

WO战略，即劣势与机会组合战略，是充分利用外部机会，克服公司内部劣势的一种"扭转型"战略。当一家公司目前所处的环境是机会大于威胁，但是公司内部资源与能力相对不足，劣势大于优势，就应该实施WO战略。例如，一家面对人工智能服务需求增长的企业（外在机会），却十分缺乏技术专家（内在劣势），那么就应该采用WO战略，培养或聘用人工智能领域的技术专家，或并购一家拥有人工智能技术的公司。

ST战略，即优势与威胁组合战略，是依靠内部优势，回避外部威胁的一种"多元化"战略。如果一家公司目前所处的环境是威胁大于机会，但是公司内部资源能力是优势大于劣势，就应该实施ST战略。例如，一家公司的销售渠道很多（内在优势），但是原有的主营业务由于各种原因发展前景不容乐观（外在威胁），那么就应该采取ST战略，走"多元化"道路。

WT战略，即劣势与威胁组合战略，是减少内部劣势、回避外部威胁的一种"防御型"战略。如果一家公司目前所处的环境是威胁大于机会，并且公司内部资源与能力是劣势大于优势，就应该实施WT战略。例如，一家商品质量差（内在劣势）、供应渠道不可靠（外在威胁）的企业，应该采取WT战略，强化企业管理，提高产品质量，稳定供应渠道，或走联合、合并之路以谋生存和发展。

公司要达成战略目标，还必须确定公司的业务（或产品）的发展重点，"波士顿矩阵"（"BCG矩阵"）可以帮助我们来解决这一问题。"BCG矩阵"又称为"经营单位组合分析法"，是波士顿咨询公司（Boston Consulting Group）所提出来的一种工具。"BCG矩阵"根据"市场前景"和公司"竞争实力"两个维度，把公司的业务（或产品）相应分为四类：现金牛业务、明星业务、问号业务和瘦狗业务。纵坐标"市场前景"通常以所在行业的该项业务"市场增长率"作为观测指标，横坐标"竞争实力"则通常以本公司该项业务的"相对市场份额"作为观测指标，如图2-2所示。

现金牛业务，是指市场前景一般（增长率低）、公司竞争力较强（市场占有率高）的业务，处于象限Ⅰ。现金牛业务是一家公司目前现金流的主要来源，也通常被大家称为"印钞机"，其财务特点是业务销售量大、产品利润高、负债比率低，可以为公司提供大量现金流。现金牛业务是公司回收资金，支持其他业务，尤其是明星业务的投资后盾。对于现金牛业务，由于其增长率低，维持现有投入就可以了，不必继续加大投入，因此要实施"维持型"战略。

第 2 章　第一项修炼：审时度势、科学决策 | 53

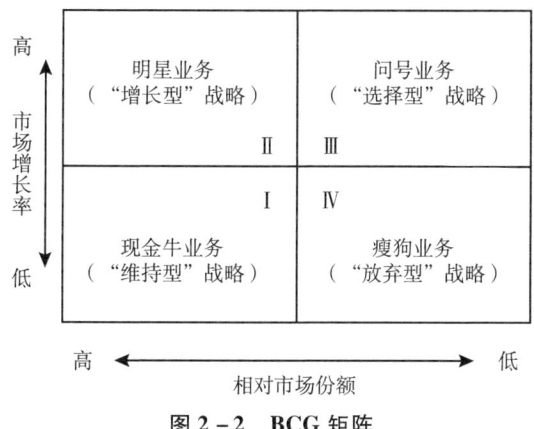

图 2-2　BCG 矩阵

资料来源：作者整理。

明星业务，是市场前景好（增长率高），并且公司目前也有一定竞争实力（市场占有率高）的业务，处于象限Ⅱ。明星业务代表着公司业务发展方向，一旦明星业务成为现金牛业务，那么公司就进入了下一个爆发期。对于明星业务，公司要随着行业的不断发展，继续加大投入，持续做大规模，并持续保持公司有利的竞争地位，因此应该采取"增长型"战略。

问号业务，是市场前景好（增长率高），公司目前市场份额较低（市场占有率低）的业务，处于象限Ⅲ。问号业务通常是市场机会大，前景好，但属于公司近期才进入的新业务。其财务特点是利润率较低，所需投入资金大，负债比率高。这种业务具有很好的市场，但是公司是否最终能够做大这一业务，存在一定的不确定性。公司的一些"新产品""新项目"便属于典型的问号业务。对于问号业务，公司应采用"选择型"战略，如果经过一段时间的投入，这种业务有可能做大，就继续"加大"投入，如果这种业务没有可能做大，就尽快"放弃"。

瘦狗业务，是市场前景差（增长率低），同时公司市场份额也很低（市场占有率低）的业务，处于象限Ⅳ。其财务特点是利润率低、处于保本或亏损状态，负债比率高，无法继续为企业带来收益。对于这种业务，公司应尽可能地快速收割短期利益，采取"放弃型"战略，首先应减少批量，逐渐撤退，对那些销售增长率和市场占有率极低的产品应立即淘汰，其次是将剩余资源向其他业务转移。

在现实管理工作中，我们经常说公司的业务（产品）发展必须有四代业务（产品）：生产一代、研发一代、淘汰一代、储备一代。"生产一代"就是我们这里所讲的"现金牛业务"，"储备一代"就是我们这里讲的"明星业务"，"研发一代"就是我们这里讲的"问号业务"，"淘汰一代"就是我们这里所讲的"瘦狗业务"。任何一个企业必须有这四代业务，才有可能进入到生生不息的良性循环发展过程中。

现在回到本节开篇的"困惑与思考"，你能够给老张更具体介绍一下什么是SO战略吗？什么又是现金牛业务、瘦狗业务、问号业务？在学完"SWOT"和"BCG矩阵"这种分析工具之后，我们就比较容易回答这个问题了。首先，老张公司现在业务量很大，产品也有竞争力，这是它们公司的内部优势；目前行业环境也不错，这是公司外部环境的机会，在公司的总体战略上就要采取SO战略，也就是要采取依靠公司内部优势，利用外部环境机会的"增长型"战略。其次，老张公司的现金牛业务正在逐渐变成瘦狗业务，应该尽快采取收割策略。问号业务的储备太少，明星业务的增长乏力，很难保证未来的现金牛业务，因此要加快新业务的拓展，也就是发展问号业务。

核心要点

SWOT分析，就是在对公司内部资源能力的优势和劣势以及公司外部环境的机会和威胁进行综合分析的基础上，确定公司战略思路的一种方法，相应地有SO、ST、WO和WT四种战略思路。

"波士顿矩阵"（"BCG矩阵"）又称为"经营单位组合分析法"，是根据"市场前景"和公司"竞争实力"两个维度，把公司的业务相应分为四种：现金牛业务、明星业务、问号业务和瘦狗业务，这四种业务相应有不同的业务发展战略。

学以致用：部门负责人的想法对吗？

我有一次到一家公司做管理咨询，公司一个部门负责人跟我说：他所在部门负责的产品，尽管整个行业已进入饱和期了，但是他们的产品在行业内市场份额最高，也是公司目前主要的利润和现金流来源。然而，公司最近并不重视对这个产品的投入。这个部门负责人有点儿想不通：如果公司还不往这个产品加大投入，公司的利润和现金流来源肯定会受到影响！

▶▶ 请思考：你认为这个部门负责人的想法对不对？为什么？

2.4 善用群体决策工具：德尔菲法和头脑风暴法

善用群体决策工具：德尔菲法和头脑风暴法

困惑与思考：这家公司是如何解决难题的？

某食品公司打算开拓市场，做核桃加工的食品，但是核桃实在很难剥，严重影响生产。

许多人试图解决这一问题，有人提出用榔头砸或用钳子夹，但发现这样做法效率太低；有人建议把核桃按大小分类，各类核桃分别放在压力机上砸，但是核桃分类标准难以确定；还有人提出利用磁作用使核桃壳自然脱掉，只剩下核桃仁，但技术要求较高；也有人提出把核桃放在液体容器里，助水力冲击把核桃破开，但是效果并不理想。公司经理后来组织召开了一次"头脑风暴"会议，成功地找到了解决方案。

▶▶ 请思考：你想知道这家公司是如何应用"头脑风暴法"解决这一难题的吗？

现代管理工作中所面对的问题日益复杂，这些复杂问题的决策往往涉及目标的多重性、时间的动态性和状态的不确定性，这通常是单纯的个人能力所不能驾驭的。管理者必须善于运用群体决策的工具与方法，以便发挥集体智慧，提高决策的科学性和准确性。然而，群体决策大多属于一些主观决策，如果不掌握科学的方法，极有可能影响决策的质量和效率。同时，群体决策是由多人参与的决策，每个人的选择可能会存在差异，甚至截然相反，有时还往往会与个人或某一集团的利益密切相关，从而在决策过程中经常表现出一些对立性的观点，甚至对抗性情绪。为此，在长期的管理实践过程中，人们总结提出了一些行之有效的群体决策方法，试图提高决策的质量和效率，并消除群体决策中可能存在的一些紧张、对抗等消极力量。本书介绍最常见的两种群体决策方法：德尔菲法和头脑风暴法。

德尔菲法（Delphi Method）是1946年由美国兰德（RAND）公司提出来的，德尔菲是希腊历史遗址，为阿波罗殿所在地。阿波罗被人们称为"太阳之神""预测之神"。相传每年的一个固定时间，阿波罗都会将世界各地的预测之神召集到德尔菲这个地方，对下一年度世界上的万事万物做出分析判断。后来人们就把将很多专家集中在一起，对一些问题进行分析判断的方法称为"德尔菲法"，因此"德尔菲法"属于一种专家集体决策的方法。

德尔菲法不同于一般的专家集体决策法，其本质上是一种匿名的专家集体决策法。其操作方法是，在对所要预测的问题征得专家的意见之后，进行整理、归纳、统计，再匿名反馈给各专家，再次征求意见，再集中再反馈，直至得到比较稳定的意见。德尔菲法有三个明显的特点：匿名、多轮反馈、收敛。

（1）匿名。匿名是德尔菲法的极其重要的特点，从事预测的专家彼此互不知道有哪些人参加预测，他们是在完全匿名的情况下交流观点的，以避免权威意见的影响。

（2）多轮反馈。收集各位专家的意见，然后对每个问题进行归纳，归纳后的结果再次反馈给专家,每个专家根据这个归纳的结果,慎重地考虑其他专家的意见,然后提出自己的意见。由于全部过程保密,所以各专家提出的意见就比较客观。然后,将收回的第二轮征询意见,再进行统计归纳,再反馈给专家,如此多次反复。

(3) 收敛。一般经过 3~4 轮,就可以取得比较集中一致的意见,将多数专家所认可的方案作为最后的决策结果。

在这里,我给大家介绍一下德尔菲法的具体操作过程。首先,物色好一些专家,比如说 8 位专家,把需要讨论的问题发给这 8 个专家,并请专家针对问题分别提出具体方案。到了规定的时间,将 8 位专家提出的方案汇集到决策组织者,由决策组织者对这 8 套方案进行简单的汇总,不进行任何的加工。将汇总之后的结果,反馈给这 8 位专家:"某某专家,针对什么问题,您之前提出了一个什么样的方案,其他的专家提出了什么样的方案,他们各自的理由和依据是什么,您有没有进一步修改或补充的意见?"当然,这些方案分别是谁提出来的,一定要保密,避免大家受到权威意见的影响。这是德尔菲法的第一个要点:专家匿名。

这 8 位专家收到反馈结果后,可能会有三种情况。第一种情况,部分专家认同别人的方案;第二种情况,部分专家继续坚持他原来的方案,并指出别的方案不成立的理由;第三种情况,部分专家受其他人方案的启发,对原来提出的方案进行补充和修改。这 8 位专家将第二轮方案反馈给决策组织者,决策组织者再次进行简单的归纳,不进行任何加工,把结果反馈给 8 位专家,再次征求意见。来来回回,有多轮的反馈,这是德尔菲法的第二个要点:多轮反馈。

一个问题经过多轮讨论之后,通常会有一种方案是大多数专家所认可的,就将这个方案作为最后的决策结果,这是德尔菲法的第三个要点:集中收敛。

德尔菲法跟一般的专家集体决策法是不一样的，它避免了权威的影响，又能够达到集思广益的效果，是非常好的一种群体决策方法。

头脑风暴法（Brain-storming）是另一种常用的群体决策方法。头脑风暴法是由美国创造学家亚历克斯·奥斯本（Alex Faickney Osborn）于 1953 年提出的一种激发创造性思维的方法。头脑风暴法主要用在需要打破习惯性思维，需要创新的场合。头脑风暴法有四个要点：

第一，鼓励新、奇、特。越是创新的、奇怪的，甚至是很荒诞的一些观点，越多越好。

第二，严禁批评。在采用头脑风暴法讨论问题的时候，任何人不得以任何理由，对别人的观点提出质疑、批判或阻拦。即使自己认为是幼稚的、错误的，甚至是荒诞离奇的设想，也不得驳斥；同时也不允许自我批判，在心理上调动每一个与会者的积极性，彻底防止出现一些"扼杀性语句"和"自我扼杀语句"。

第三，多轮发言。每一个人在听完别人的发言之后一定要提出自己的新观点，要给每个人多次发言的机会。头脑风暴法就是要激发每个人的"联想反应"。联想是产生新观念的基本过程。在集体讨论问题的过程中，每提出一个新的观念，都能引发他人的联想。相继产生一连串的新观念，产生连锁反应，为创造性地解决问题提供了更多的可能性。

第四，主持人要特别善于调动大家的情绪。要使大家一直处于高度兴奋的状态，这一点在整个头脑风暴法中是最重要、最关键的。为什么呢？因为一个人处于冷静、理智状态的时候，是很难形成创新的观点，通常情况下，只有当我们处于高度兴奋的状态下，才有可能拿出一些打破习惯性思维的观点。因此，主持人应懂得各种创造思维和技法，要鼓励与会者多出设想。

接下来，我给大家介绍头脑风暴法的一种具体操作过程。首先物色好一批专家，比如 8 位专家，在讨论会之前，把要讨论的问题先发给这 8 个专家，并请他们拿出 1 套方案。到了开会那天，我们将会场进行布置，以营造热烈的气氛，使每个人一到会场就感到很兴奋。先将 8 位专家带来的 8 套方案收上来。煽动大家的情绪，使大家处于一种高度兴奋的状态，再一一宣布这 8 套方案，当然，这些方案是谁提出的，要进行保密，避免大家受到权威意见的影响。并要求每个专家在听完这 8 套方案之后，必须拿出第 2 套方案。专家们一方面很兴奋，另一方面也很紧张，可能在听别人方案的过程中受到启发，拿出了他的第 2 套方案。

将专家第二轮方案收上来后，再次煽动大家的情绪，使大家处于高度兴奋的状态，再一一宣布第二轮的 8 套方案，同时要求大家听完后，要拿出第三轮方案。这样进行多轮，比如说五轮，将会有 40 套方案，这 40 套方案都是大家在一种高度兴奋状态之下，并且听取别人方案后所拿出来的方案，一些打破惯性思维的方案极有可能就在这中间产生了。

我们最终选择哪一套方案呢？由于大家今天都处于高度兴奋状态，我们先不做决策。在专家休息几天之后，重新召集开会，不再对会场进行布置，也不再煽动大家情绪，把这 40 套方案公布出来，当然要对方案提出者的姓名进行保密，避免大家受到权威意见的影响。请各位专家在一种冷静、理智的状态下，从这 40 套方案中挑出一个更具有操作性的方案，作为最终的决策结果。

可以看出，头脑风暴法包括两个阶段：第一阶段，请大家在头脑"发热"的过程中，拿出有创意的、打破惯性思维的方案。第二阶段，再请大家在一个冷静、理智的状态下，从这些有创意的方案中挑出一个更具有操作性的方案。

现在让我们回到本节开篇的"困惑与思考"，我们来看看这家公司是如何运用头脑风暴法成功地找到解决方案的。这家公司当时选定了不同专业的技术人员参加决策讨论会议，运用头脑风暴法进行讨论，在会议的过程中，有人提出设计一种专用的核桃剥壳机，有人想到模仿儿童气枪破开核桃壳，也有人建议用离心技术来分离，还有人提出先用溶剂加工软化、溶解核桃壳在冷冻后剥壳。大家七嘴八舌地提出了很多想法，其中有一位技术员受到利用交变负荷剥核桃方法的启发，他提出可以利用热胀冷缩的办法，先将核桃放进沸水锅中蒸7~8分钟后，由于时间不长，所以核桃仁的口感并未受到影响，将蒸过的核桃立即放入凉水中，此时核桃壳受到冷水的刺激，用手轻轻一掰就开了。经过现场试验，发现用热胀冷缩法剥核桃真能奏效，一个技术的难题，终于在头脑风暴会中得到了巧妙的解决。

我们可以看到，群策群力的战术往往能显示出攻无不克的威力，这就是头脑风暴法的魅力所在。

核心要点

德尔菲法是指将很多专家集中在一起，对一些问题进行分析判断的方法。德尔菲法有三个基本要求：专家匿名、多轮反馈、集中收敛。

头脑风暴法是由美国创造学家亚历克斯·奥斯本（Alex Faickney Osborn）于1953年提出的一种激发创造性思维的方法。头脑风暴法主要用在需要打破习惯性思维、需要创新的场合。头脑风暴法有四个要点：第一，鼓励新、奇、特；第二，严禁批评；第三，多轮发言；第四，主持人要特别善于调动大家的情绪。

学以致用："德尔菲法"和"专家集体讨论会"各适用什么场合？

"德尔菲法"与"专家集体讨论"都是属于专家决策的方法，在现实管理工作中都得到了普遍应用，但是各有优劣，也各有适用的场合。

▶▶ 请思考：二者有什么不同，各适用于什么场合？

2.5 案例分析：国际知名快餐品牌MD是如何进入中国市场的？

> 困惑与思考：MD进入中国市场时，应用了哪些方法？
>
> 　　国际知名快餐品牌MD于1990年进入中国市场。MD的食品作为典型的西方快餐，与大多数中国人的饮食口味是不一样的，早在MD进入中国市场初期，其定价就比较高。目前，中国是MD全球第二大市场、美国以外全球最大的特许经营市场，以及全球发展最快的市场。
>
> ▶▶请思考：国际知名快餐品牌MD是如何进入中国市场的？应用了哪些方法？

　　也许很多人都不知道，国际知名快餐品牌MD当初准备进入中国市场的时候，碰到了两个棘手的问题：第一个问题是价格很高，我记得20世纪90年代MD刚刚进入长沙市场的时候，一个汉堡包可以卖到十几块钱。这么高的价格按照当时中国人的购买能力来说，是否能够接受？第二个问题是，MD的食品是典型的西餐食品，而中国人长期吃的是中餐，长期吃中餐的中国人能否接受这种典型的西餐食品呢？这两个问题让MD整整犹豫了八年左右的时间，因为对于MD来说，进入中国市场是一项重大的战略决策，不能不慎重。但是，大家都知道，任何一个跨国企业都是不忍心丢掉中国这么大的市场，因此，MD专门成立了一个研究中国市场的团队，希望能够找到进入中国市场的切入点。经过长达八年左右时间的研究，MD的研究团队终于注意到，中国有一个全世界独一无二的国情，那就是中国这一代小孩（"80后""90后"城镇户口的孩子）几乎都是独生子女，而他们几乎都是家长的掌上明珠。因此，

MD决定以中国的独生子女作为进入中国市场的突破点。

为了吸引中国孩子，MD使出的第一招就是：店面花花绿绿的装修，在大门口摆上可爱的卡通人物，小孩子远远就能看见，那是MD。第二招就是免费的小型游乐园，MD在我国都是选在繁华的黄金地段开设门店，尽管店面租金很昂贵，但是MD都会拿出一小块区域，摆上游乐设施，供小孩子在里面蹦蹦跳跳。第三招就是每天都有一群小女生，带着小朋友在广场蹦蹦跳跳，做各种各样的游戏。小孩子去了一回，印象都非常深刻，就会觉得"这个地方好呀，有好东西吃又特别好玩！"MD所使出的这三招，都是针对中国市场设计的。我曾经在美国做过一年时间的访问学者，在那一年时间里，我去过很多家美国当地的MD餐厅，没有发现任何一家有这些做法。在美国，MD面对的主要客户群体是普通的卡车司机、上班族，并不是小孩子。在美国，MD的食品是一种典型的低端食品，但是到了我们国家，麦当劳却变成了一种相对高端的食品。从市场营销角度来说，这是一个非常成功的营销案例。MD使出的第四招是什么呢？就是玩具。这也是我个人认为最厉害的一招。我记得MD在长沙开第一家门店时，我的小孩还在上幼儿园，他第一次走进MD餐厅，就是冲着玩具去的。当时好几十块钱买了一个儿童套餐，也领了一个小玩具。小孩子吃了一口汉堡包后，不吃了，只顾着玩玩具。我就要和小孩子谈条件，玩玩具可以，但先要把这个汉堡包吃完，把肚子吃饱。因此，我的小孩子第一次是因为要玩玩具才去吃汉堡包的。MD很精明，它的玩具是一套套、一系列的，无法一次集齐。我记得当年刚好流行的是变形金刚，这一次送给你变形金刚的一个脑袋，下一次是送胳膊，你可能要去七到八次，才能把这套变形金刚拿全。第一套变形金刚我是把它拿全了，否则小孩子不干呀，他老在想着，还有一只胳膊没有拿回来呀。后来我发现，我的小孩子有变化了，第一次、第二次是因为要这个玩具才吃的汉堡包，到了第三次、第四次，他不但要玩具，也开始喜欢吃汉堡包了。到了今天，他再去MD餐厅的时候，根本不要玩具，仅仅就是因为喜欢吃汉堡包。

MD曾经组织专家对中国人味觉习惯形成的年龄阶段专门进行了研究。他们的研究发现，中国人的味觉习惯是在三岁到十三岁之间形成的，此后终生都很难发生改变。MD给中国市场带来的最大的变化是什么呢？从某个角度来讲，它可能改变了一代中国人的饮食习惯。MD通过对中国市场环境的分析与观察，成功地找到了突破点，从而顺利地进入了中国市场，由此我们可以看到环境分析与研究对于企业经营与发展的重要性。

我在给很多企业营销人员和校内MBA学员上课时，经常有学员同我交流。有一次，有个学员对我说："老师，我在公司主要是负责市场营销工作，我们这个行业竞争太激烈了，市场基本上都已经被我的竞争对手占领了，我们要想去这些市场发展，根本不可能，这些市场基本上是铁板一块。"我就告诉他：从管理原理的角度来讲，绝对不存在所谓铁板一块的市场，关键是我们如何通过对市场环境的分析，成功地找到切入点，这一点是很重要的。环境是企业生存和发展的土壤，只有高度重视环境的研究和分析，才能不断地发现企业成长与发展的机会。

核心要点

从管理原理的角度来讲，绝对不存在所谓铁板一块的市场，关键是如何通过对市场环境的分析，成功地找到切入点。

环境是企业生存和发展的土壤，只有高度重视环境的研究和分析，才能不断地发现企业成长与发展的机会。

学以致用：麦当劳和肯德基的门店选址，有哪些秘籍？

麦当劳和肯德基，在门店地理位置选择方面都有一些独特的做法，这是它们在中国市场取得成功的重要因素之一。

▶▶**请思考**：请在业余时间考察一下，麦当劳和肯德基，在门店地理位置选择方面有哪些特点？它们运用了哪些市场观察、分析的方法？

第 3 章

第二项修炼：积极态度、高效执行

本·章·概·览

3.1 态度决定一切
3.2 态度的核心与关键
3.3 如何改变员工的态度？
3.4 伦理道德与核心价值观
3.5 责任心与执行力

3.1 态度决定一切

态度决定一切

> **困惑与思考：王浩该不该得到晋升的机会？**
>
> 王浩工作已满5年了，眼看着一起进入公司的其他同事，一个个都获得了更好的发展，而自己却仍停留在最开始的岗位，王浩实在无法理解。论学历，王浩毕业于重点高校；论能力，王浩的业务水平也不错。那么，是什么让王浩被遗忘在角落里？
>
> 王浩的同事告诉我们，王浩在同事圈里是出了名的"清高"，与很多同事都有积怨。王浩无论是言谈还是举止都充满着"自由"的气息，而且与人交谈的语气和神态无不透露着眼高于顶的架势。王浩对待公司的任务拖拖拉拉，甚至上班迟到、早退都是家常便饭。
>
> 王浩自己也坦言：我是从重点名校毕业，能力更是比其他人更强，头也抬得比其他人高那么一点点。
>
> ▶▶**请思考**：王浩该不该得到晋升的机会，为什么？

在现实管理工作中，人们经常会说"态度决定一切"。那么，态度是什么呢？态度是指个体对外界的一种较为持久而又一致的内在心理和行为倾向。态度作为一种内在心理和行为倾向，它不是一种心理因素构成的，它是由若干种心理因素共同构成的。态度并不是从先天带来，态度是人们在与环境相互作用过程中，通过学习获得经验而习得的，它对人们的行为具有支配性的作用。

为什么态度对于人们的行为具有支配性作用呢？这是因为态度会直接影响我们行为的前提，也就是影响人们的认知和判断。人们的行为前提，一定是经过自己对事物的判断，经过自己对行为的方向进行选择后才能行动的。认知对态度的形成有作用，态度一旦形成也会对认知产生反作用，有正面作用，也有负面作用。以正确价值观作为基础的科学态度会对人的社会认知、判断产生积极的影响；而如果态度形成使人产生心理反应的惰性（如对人、对事物形成了僵化、刻板的态度），就会干扰、妨碍认知与判断的准确性，容易产生偏见、成见，导致判断失误。"疑邻盗斧"的故事，反映的就是态度对于认知与判断的影响。人们常说"情人眼中出西施"，一个长得非常普通的女孩，在她情人的心目中一定是非常漂亮。同样一件事情，由于大家态度不一样，大家的认知也是不一样的。

　　态度不仅会影响人们的认知和判断，还会影响人们行为的模式。例如，一个人以积极的态度对待学习，就容易激发强烈的求知欲望，使人感知敏锐、观察细致、思维活跃，提高学习效果；反之，如果对学习抱厌恶的态度，就会效率很低。而态度在工作中的核心表现则体现在工作满意度上，工作满意度是个人所表现出来的喜欢他工作的程度，一般而言，人们对自己所从事的工作喜爱并有良好的态度，就会努力去工作，产生高效率。工作满意度不仅可以帮助管理者们进行组织诊断，监控组织的未来绩效，还可以保障员工的心理健康和提高员工的工作质量。

　　在这里，同大家分享一个"猎狗与野兔子"的寓言故事。有一天，有一个猎人带着猎狗上山打猎，到了山上发现前方有一只野兔子，猎人一枪打过去，没有直接将兔子打死，但是打伤了兔子一只脚。这只受了伤的野兔子拼命逃命，猎人于是对身边的猎狗发出指令：去把那只受了伤的野兔子抓回来。一只野兔子，更何况是一只受了伤的野兔子，怎么能够逃脱经过专门训练的猎狗呢？然而，过了很长一段时间，这只猎狗气喘吁吁、空着手回来了。猎人感到很奇怪："野兔子呢？""它跑掉啦！""那你是怎么回事？"猎狗说："主人，我确实尽力了，但是它跑得太快了。"

　　这只野兔子逃回到自己的窝，其他野兔子都感到十分奇怪，大家之前都看到它被猎人打伤了腿，而且一只猎狗在拼命地追它。"你是怎么能够活着命逃回来的？"这个时候，野兔子说了一句发人深省的话："这只猎狗在追我的过程中,它确实尽力了,它是在尽力而为;而我为了逃命,我是在全力以赴。"

我们可以看到,"尽力而为"的态度和"全力以赴"的态度带来的就是两种完全不同的行为结果。

此外,态度还会影响人们的毅力与耐心。忍耐力指人对挫折的耐受、适应能力,它和人们对待所从事活动的态度有着密切关系。在现实管理工作中,对团体有认同感、抱有忠诚态度的员工,当团体遭遇挫折时,往往能够风雨同舟,表现出较强的忍耐力;反之,当团队出现挫折时,就会产生抱怨、牢骚,甚至辞职离去。

心理学家兰伯特(Lambert)曾做过一个"群体耐痛力效应"的实验。他以基督教徒与犹太教徒的大学生作为被试者,使用一种耐压器来测试学生们的耐痛力。实验室把被试者分为实验组和控制组,每组中基督教徒和犹太教徒各占一半。第一次测定每个人的耐痛力后,主试者告诉被试者:为保证实验的可信度,稍作休息再做第二次测试。在休息时间,主试者逐个告诉实验组的每个基督教徒:"据某一研究报告认为,基督教徒的耐痛能力不如犹太教徒",而告诉实验组的每个犹太教徒:"据某一研究报告认为,犹太教徒的耐痛能力不如基督教徒"。结果显示,实验组被试者第二次测试的耐痛能力比第一次有明显的增高,而控制组则无明显变化。研究者认为,这种戏剧性的变化主要是由于休息时实验者的指导语激起了各组学生对自己宗教的效忠态度。这个实验表明,一个人对自己所属群体有认同感、荣誉感、责任感,并时时能被激起效忠态度,就会表现出巨大的能量与忍耐力。

此外,态度会影响相容性。在社会交往过程中,一个人对自己、对他人、对集体的态度,往往会影响他与群体的融合程度;同样,团体成员之间的相互态度,也影响团体的相容性和凝聚力。一般来说,如果人与人之间持有真诚、友好、热情、谦和、宽容、互助的态度,那么社会成员之间就会和睦相处,形成很高的相容性,组织内也会形成很强的凝聚力;反之,虚伪、冷漠、敌视、傲慢、苛求、尖刻的态度则会导致人际关系紧张，凝聚力下降。

美国组织心理学家洛萨达（Marcial Losada）考察了高、中、低三种绩效团队，发现存在一个明显的分界线，当一个团队积极与消极的比例大于2.9∶1，团队就会蓬勃发展，低于这个比例的团队业绩就很不好，这个比例被称之为"洛萨达比例"。美国哲学家威廉·詹姆斯（William James）也提出"我们这一代最伟大的发现就是，人类可以通过改变态度而改变命运。"

让我们回到本节开篇的"困惑与思考"，我们知道，态度会影响人们的认知与判断，影响人的行为，影响人的毅力与耐心。王浩的"清高"，会让同事对他形成不好的情感与认知，他经常迟到、早退，会给人形成"做事散漫"和"工作态度不好"的认知，由于王浩被大家认为"工作态度不好"，也一定会给人形成"工作质量一定不高"的认知。良好的工作态度是成功的重要保障，虽然王浩有一定的能力，但由于他工作态度不端正，是难以成为职场上的成功人士。

核心要点

态度是指个体对外界的一种较为持久而又一致的内在心理和行为倾向。

态度并不是从先天带来的，而是在与环境相互作用中形成的，态度会影响人的认知与判断、影响人的行为、影响人的毅力与耐心、影响相容性。

美国组织心理学家洛萨达（Marcial Losada）考察了高、中、低三种绩效团队，发现存在一个明显的分界线，当一个团队积极与消极的比例大于2.9∶1，团队就会蓬勃发展，低于这个比例的团队业绩就很不好，这个比例被称之为"洛萨达比例"。

学以致用：将员工划分为四类，合理吗？

有人说：一流员工态度好，能力强；二流员工态度好，能力差；三流员工态度差，能力强；四流员工态度差，能力差。

▶▶ **请思考**：你是否赞同这一观点？

3.2 态度的核心与关键

> **困惑与思考：如何制定更合理化的规定？**
>
> 某公司规定"作业区内必须正确佩戴安全帽"，并派专人巡查，一经发现员工在作业区内未正确佩戴安全帽，立即罚款100元。但是实际效果却不尽如人意，员工不佩戴或随意佩戴安全帽行为屡禁不止，在该问题上员工与管理层的关系变得十分紧张。
>
> ▶▶**请思考**：从态度形成的角度，你能够为公司佩戴安全帽提出合理化的建议吗？

态度决定一切，那么态度是由哪些成分构成呢？态度反映了一个人对某些事物的感受，例如，"我喜欢这份工作""我讨厌这个人"等。态度具有一定的内在心理结构，是一个复杂的综合体，态度由认知、情感和行为倾向这三种心理成分构成。

（1）认知成分：是指个体对态度对象的认识、理解和评价，是态度的理性成分。比如，"我认为他是一个好人"，这种认知成分包括了对某种对象的认识、理性判断和信念。

（2）情感成分：是指个体对态度对象的喜爱或厌恶的情感体验。认知的内容可能非常复杂，但是人们的情感表达却十分简明。比如，"我很喜欢他。"

（3）行为倾向成分：是指个体对态度对象的反应倾向。行为倾向成分是行为的准备状态，比如，"我准备明天继续同他联系。"需要说明的是，这种意向并不是行为本身。人的行为是外显的行动，意向只是行为的必要条件，个体能否表现出外显行为，还要看其他因素，如社会规范、习惯、对行为结果的预期等因素的影响。

举一个例子，以便大家更好地理解态度的三种成分。假如说我们给一对青年男女介绍对象，在他们相互见面后，作为介绍人，我们肯定特别关心双方的态度，我们可以分别找男孩女孩问一问，到底对方怎么样？你要给我表明你的态度。这个时候，他（她）可能会用这么一句话表明他（她）的态度："他（她）很不错，我很喜欢他（她），我准备继续和他（她）约会。"

在他（她）表明态度的这句话里面，就包含了态度的三种成分："他（她）很不错"，这是认知成分；"我很喜欢他（她）"，这是情感成分；"我准备明天继续同他（她）约会"，这是行为倾向。可以看出，态度是由认知、情感和认知倾向三种成分构成的。

现实管理工作中，我们经常需要对一些事情表明我们的态度。一个完整的态度，必须清晰地表明，你对这个事情的认知、情感和行为倾向。但是我们很多人表达态度时往往是很含糊的，他可能只表明了他对这个事情的一种认知，并没有表明他的情感以及他的行为倾向，或者说，他仅仅只表明了他的情感或者行为倾向，却没有表明他的认知成分，这其实都是态度含糊的一种表现，是没有完整地表达他的真实态度。

在态度的这三种成分中，最核心的成分是哪一种？很多人都认为是认知成分，或者是行为倾向，其实都是不对的。以刚才的例子来说，作为介绍人，我们最关心是哪句话？应该是"你到底喜不喜欢他"这句话。只要你喜欢他，你肯定会继续同他约会。湖南电视台有一档节目，叫作《寻情记》，节目主持人在调解男女双方当事人的情感矛盾时，问得最多的一句话就是："你到底喜不喜欢他（她）？"为什么主持人会反复问这句话？因为它体现的是情感成分，情感成分是态度最核心的成分，只要你还喜欢他（她），那么两人之间的矛盾是可以去调解的。

由此给我们的实际管理工作带来了一个重要启示：我们要去改变或者影响一个人的态度，一定要从情感成分入手。但是在现实管理工作中，很多人在改变别人态度的过程中，往往更多注重的是改变别人的认知，或者改变别人的行为，这样做的效果往往是很差的。我们必须知道，态度的核心成分是情感成分，改变态度必须从情感入手。

态度既是一种认知，也是一种情感，同时又是一种行为倾向，对行为起着准备作用。因此，态度具备了这样一些特征：

（1）态度的社会性。态度并不是天生的，它是通过后天的学习获得的。态度是个体在长期生活中，通过与他人的相互作用，以及受周围环境的不断影响而逐渐形成的。态度形成以后，反过来又会影响个体对周围事物和他人的反应。在这种相互作用过程中，一个人的态度经过不断的循环和修正，会逐步形成日益完善的态度体系。

（2）态度的指向性。态度具有特定的态度对象。态度对象可能是具体的，也可能是抽象的，即一种状态或观念。由于态度是主体对客体的一种关系的反映，所以态度总是离不开一定的客体，总是与态度对象相联系，因此，态度的存在不是孤立的、抽象的，它总是针对某一事物的。例如，管理者对员工的态度、员工对员工的态度等。

（3）态度的协调性。态度是由认知、情感和行为倾向三种心理成分组成的。对一个正常人来说，这三种心理成分是相互协调一致的。例如，一位年轻的管理者，在他认识到学习管理科学的重要性之后（认知），他会产生对管理科学的热爱（情感），一旦有机会进行这种学习，他会十分乐于参加，并为此做好各种准备（行为倾向）。这说明态度的三种成分十分协调，并不矛盾。

（4）态度的稳定性。态度是在需要的基础上，经过长期的感知和情感体验形成的，其中情感的成分占有重要位置，并起到强有力的作用。它使得一个人的态度往往带有强烈的情感色彩并具有稳定性和持久性。正是由于态度具有这种稳定性和持久性，才使个体能够更好地适应客观世界。所以，对员工进行教育，最好是在他们态度尚未稳定、尚未形成的时候，因为这时态度的结构尚未固定化，引进新的思想和经验，容易促进态度的改变。然而，一旦态度形成，再进行教育就会十分困难。

态度的形成需要经过一些发展阶段，美国社会心理学家凯尔曼

(H. C. Kelman)认为存在三个阶段。

（1）服从阶段：是指个体为了满足自己的需求或者逃避惩罚而表现出来的表面上顺从。比如，一个年轻的员工刚刚进入公司时，面对公司的各种规章制度，往往会从表面上表现出遵守服从。

（2）同化阶段：是指个体自愿接受外界观念，使自己的态度与他人的态度保持一致。当年轻的员工在经过职业培训与工作经历之后，他会认识到公司规章制度的必要性，开始认同并遵守公司纪律。

（3）内化阶段：是指个体从内心深处接受并相信他人的观点，并彻底转化为自己的态度。当年轻的员工将本职工作当作自己的信仰，并为之努力奋斗时，遵规守纪已经内化成为员工态度体系中的重要组成部分。

让我们回到本节开篇的"困惑与思考"，从态度形成的角度，你能够为公司要求正确佩戴安全帽提出合理化的建议吗？首先，公司规定"作业区内必须正确佩戴安全帽"，当员工意识到未按规定操作会被罚款时，他会表现出被迫服从的态度，但这种态度并非心甘情愿的，如果公司对此监督不力，他极有可能终止这种服从行为。因此，该公司在提高监督力度的同时，应加强对不正确佩戴安全帽危害的教育，让员工认识到未佩戴好安全帽可能会给自身生命安全带来极大的威胁，并从情感上认识到这是公司对员工的一种"关爱"，从而慢慢认同公司的规定，并形成一种被同化了的态度。其次，公司可以通过奖励配合度高的车间等方式，将规定内化到员工的态度之中，即便是员工到了其他没有明确规定的地方，他也仍然会遵守这一行为准则。

核心要点

态度由认知、情感和行为倾向三种心理成分构成。完整的态度，必须清晰地表明对这个事情的认知、情感和行为倾向。

情感成分是态度构成中最核心的成分，改变态度，一定要从情感成分入手。

态度的形成包括服从、同化与内化三个阶段。

> **学以致用：王经理为什么会有矛盾的态度？**
>
> 由于公司业务发展的需要，公司需要任命一名部门负责人，王经理在选人时，心中产生了矛盾。他明知在两个候选人中，小李无论是管理水平还是业务能力都比小刘好；但是小李心直口快，甚至有一次还让他下不了台，从感情上讲，他不喜欢小李，因此他又倾向于任命小刘。
>
> ▶▶**请思考**：请应用态度相关理论解释王经理产生矛盾态度的原因，并提出合理的解决方法。

3.3 如何改变员工的态度？

如何改变员工的态度？

> **困惑与思考：为什么小组成员会继续撒谎？**
>
> 美国心理学家费斯廷格（Leon Festinger）曾经做过一项实验，他把大家分为两组，让所有成员参加了 1 小时的活动，活动过程非常枯燥。活动完成后，要求他们只能对外面的人说："刚才完成的活动十分有趣。"第 1 组成员得到了 1 美元的奖励，第 2 组成员得到了 20 美元的奖励。
>
> 接下来，要求这两组成员真实回答他们在多大程度上喜欢这项活动。结果发现，第 1 组大多数成员会说"活动枯燥无味"。第 2 组的大多数成员仍然会说"活动十分有趣"。
>
> ▶▶**请思考**：为什么第 1 组成员不会继续撒谎，而第 2 组成员却会继续撒谎呢？

对于现代管理者来说，影响并改变员工的态度是日常管理工作中的一项重要内容。态度改变是指个体已经形成的态度，在某一信息或意见等因素的影响下，向新的态度转变的过程。

态度改变具有两种类型：一种是一致性的改变，即改变原有态度的强度但方向不变；另一种则是不一致的改变，即态度方向的改变。影响态度改变的因素有：社会环境因素、团体因素、态度系统特征因素、个体人格因素，等等。态度改变的影响因素有很多，学者们针对这一问题开展了大量研究，我们主要介绍哈弗兰德（Haverland）、费斯廷格（Leon Festinger）和海德（Feliz Hyde）三位学者的研究结果。

美国心理学家哈弗兰德经过对大量案例的跟踪调查发现，一个人的态度往往是在三种情况下形成的：联想、模仿、强化。态度形成的第一种方式是"联想"，所谓联想，就是我们对一个事情持什么样的态度，在相当大的程度上取决于你将这个事情同另外的事情联想起来，联想的对象不同，形成的态度也就不一样。例如，关于大学毕业后是否继续读研究生，不同人的态度是不一样的，如果你的联想是"读完研究生，以后会有一个更好的职业空间"，那你可能就会对继续读研究生形成一种积极、肯定的态度。但如果你的联想是"读完研究生，不一定能找到好的工作"，那你可能就会对继续读研究生形成一种消极、否定的态度。态度形成的第二种方式是模仿，所谓模仿，是指受周围人或环境的影响。"孟母三迁"的故事就告诉我们，人们总是要受到周围的人与环境的影响，并有可能受到别人的影响而改变自己的态度。态度形成的第三种方式是强化，在各种正强化与负强化的作用之下，我们就有可能形成一种态度。比如，企业各种奖励和惩罚条款，会对员工工作态度的形成与改变产生重要的影响。

在态度形成的这三种方式中，最重要的态度形成方式是哪一种呢？哈弗兰德的研究结果表明，是联想，而不是模仿，也不是强化。在实际工作过程中，很多人试图去改变别人的态度，可能用的更多的方式是强化，而不是联想。但是，理论研究结果告诉我们，对一个人态度产生最大影响的是联想，而不是强化。很多公司的企业文化做得非常不错，将公司的一些警言格句挂在墙上，这样做是可以让你的员工在潜移默化中产生一些积极的联想。我经常去一家知名的民营企业做培训，这家民营企业的管理工作非常精细，每次培训时，学员座位上都放置了一个座签牌。很多公司培训时也会在学员座位前放座签牌，但是座签牌的正反面可能都是学员的名字。这家民营企业不一样，座签牌正面是学员的名字，反面是鼓励、激励员工的一些警言格句，并且每天都会更新内容。这有什么好处呢？它可以使你的员工产生一些积极的联想，从而有利于形成一种积极的学习态度。

由于联想是态度形成的一种重要方式，因此作为一个好的管理者，一定要学会去给员工描绘愿景。这样做的道理非常简单，任何一个人，只有当他对未来有着美好憧憬的时候，他才能在工作中有一个积极的态度。我刚才提到的这家民营企业，在每一个员工加入企业的第一天，他的老板都会告诉这些新员工：人类因为有了梦想而变得伟大！当我们的员工每天都充满着美好的梦想和憧憬的时候，他才有可能在每天的工作中表现出高昂的工作激情、积极的工作态度，才有可能做出好的工作业绩。

美国心理学家费斯廷格在态度的形成与改变的理论方面，提出了"认知失调"理论。认知失调理论认为：一般情况下，个体的态度与行为是相协调的，因此不需要改变态度与行为。假如两者出现了不一致，如做了与态度相违背的事，或没有去做想做的事，这时就可能会产生认知失调。认知失调将带来心理紧张，个体会力图解除这种心理紧张，以重新恢复平衡。费斯廷格把个人、个人的意见和信念，以及与认识有关的环境称为认知元素，以这些认知元素为基本单位，将两个单位之间的关系分为协调、不协调和不相关三种。

例如，关于抽烟，人们可能同时存在着两种认知元素：（A）"我喜欢抽烟"，（B）"抽烟可能导致肺癌"。在这里，（A）和（B）这两个认知元素是不协调的，就会引发人们内心的紧张不安。要解除这种紧张不安，就有两种方式：一是改变某一认知元素，使它与其他元素之间不协调的关系变得协调。例如，将认知元素 A 改变为"我不再喜欢抽烟"，或将认知元素 B 改变为"抽烟导致肺癌的说法是没有根据的",从而就达到了认知协调。二是增加新的认知元素,以强化某一个认知元素。例如,增加新的认知元素 C"世界上抽烟而长寿的人有很多"。在这两种方式中,无论是改变某一认知元素,还是增加新的认知元素,都伴随着态度的改变。

心理学家费利兹·海德在态度形成与改变的理论方面,提出了平衡理论。海德认为,我们的认知对象包括世界上各种人、各种事物和概念等,这些对象有的各自分离,有的则相互连接起来组合为一个整体而被我们所认知。海德将构成一体的两个对象的关系,称作单元关系,其关系可由类似、接近、相同而形成。我们对每种认知对象都有喜爱、厌恶、赞成、反对等情感与评价,海德将这类情感与评价称之为感情关系,个体对单元内两个对象的态度通常是属于同一方向的。

例如,一个人喜欢张三,则可能对张三的穿着和其他的行为也很欣赏。这样,当个体对单元的知觉与对单元内两个对象的情感关系相互调和时,其认知关系便呈现出平衡状态。当个体对单元所持的态度趋于相反方向时,则会产生不平衡的状态。比如,当一个人喜欢张三,但是对张三所穿的衣服款式却无法赞同时,由此所导致的不平衡状态会引起个体心理紧张。而要解除这种心理矛盾状态,只有两种方式:或是让自己也喜欢张三所穿衣服的款式,或是不再喜欢张三。这种解除心理紧张的过程,就是态度改变的过程。

海德理论通过一个图,揭示了一个人(P)、另一个人(O),与态度对象(X)三个实体之间的关系,如图 3-1 所示。图中,符号"+"表示"认同"的关系,符号"-"表示"否定"的关系。三个实体之间,存在着平衡(即一致)或不平衡(即不一致)两种状态,图 a、图 b、图 c、图 d 就是平衡关系状态;图 e、图 f、图 g、图 h 就是不平衡关系状态。海德认为,不平衡关系状态将引起人们内心的紧张,人们不可能长期处于内心的紧张之中,他们将会采取必要的行动直至最后恢复为平衡关系状态,而从不平衡关系状态转变为平衡关系状态的过程中,实际上就伴随着人的态度变化。

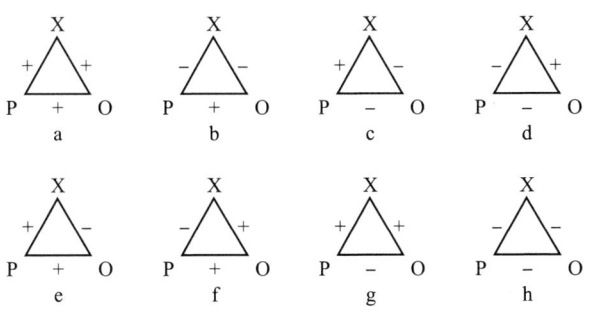

图 3-1 海德平衡理论

资料来源：作者整理。

让我们回到本节开篇的"困惑与思考",这个实验是可以用认知失调理论来解释的。对于第 1 组成员来说,他觉得"为 1 美元撒谎不值得",从而产生了认知失调,使自己处于紧张不安中,为了走出这种紧张不安,第 1 组的成员于是就改变了自己内心对活动的认知,认为活动是枯燥无味的,我也并没有为 1 美元撒谎,从而达到了新的平衡。对于第 2 组成员来说,由于说谎获得了 20 美元的高报酬,虽然活动是单调乏味的,但是认为自己说谎是值得的,没有产生认知失调,从而态度没有发生改变,因此第 2 组成员将会继续撒谎。

核心要点

态度改变是指个体已经形成的态度,在某一信息或意见等因素的影响下,向新的态度转变的过程。

哈弗兰德的研究发现,一个人的态度往往是在三种情况下形成的:联想、模仿、强化。其中,对一个人态度产生最大影响的是联想。

费斯廷格的认知失调理论认为,一个人对于两种认知元素之间的不一致,就会产生失调,改变认知失调的方式有两种:一是改变某一认知元素,使它与其他元素之间不协调的关系变得协调；二是增加新的认知元素，以强化某一个认知元素。

海德平衡理论认为，从不平衡关系走向平衡关系状态的过程中，将伴随着态度的改变。

学以致用："画饼充饥""望梅止渴"是好的管理方式吗？

有人认为，从管理的角度来看，"画饼充饥""望梅止渴"其实都是好的管理方式。

▶▶请思考：你是否赞成这一观点？为什么？

3.4 伦理道德与核心价值观

伦理道德与核心价值观

困惑与思考：王海应该如何说服公司？

王海在一家食用油公司上班，天然植物油是公司最畅销的产品，公司"100%人工榨取植物油"的宣传广告家喻户晓。最近，公司面临着其他品牌食用油价格的竞争压力越来越大，为降低成本，公司将调和油和天然植物油掺和在一起，但在产品说明中继续标注为"100%人工榨取植物油"。

王海觉得公司的这种做法并不妥，便建议公司停止这种做法，但得到公司的回复是：添加一点调和油，对健康没有危害，即使检测也没有差别，这也是行业内公开的秘密。

王海决定以书面报告的方式，进一步说服公司停止这种行为。

▶▶请思考：如果你是王海，你将会从哪个角度去写这份书面报告？

企业伦理道德近年来越来越受到社会大众的关注。企业是一个小社

会，存在着企业与员工、员工与员工、员工与管理者、企业与社会等多方面的复杂的社会关系。正确处理和协调好这些关系，促进企业的健康发展，就必须有相应的行为准则。企业的伦理道德就是用以调整企业内部以及企业与社会各种关系的行为规范的总和，企业伦理道德是在企业经营活动中占实际支配地位的善与恶、应该或不应该的规范，是正确处理企业与利益相关者关系的规范。

企业伦理道德与企业文化、规章制度是密切相联系的，表现在两个方面：

（1）企业伦理道德是企业文化的重要内容之一。作为规范企业员工行为的要求和准则，企业伦理道德贯穿于企业经营活动的始终，对企业文化以及整个企业活动都有着深刻的影响。

（2）企业伦理道德与企业规章制度相互补充。企业伦理道德要求企业员工"应该怎样做"，但不是靠强制力量来实现的；企业规章制度的要求是"必须这样做"，是靠强制力量来实现的。企业伦理道德通常需要依靠"守则""准则""条例"等规章制度固定下来，才能够使企业伦理道德具有更大的约束力。

一个企业的可持续发展，必须有自己的伦理道德标准，最重要的是要形成企业的核心价值观。

在现实管理工作中，企业管理者普遍关注"核心竞争力"，到底什么才是企业的核心竞争力呢？企业战略、组织结构、技术、资金、员工、团队精神、管理风格……实际上大家对此的理解各有不同。全球著名的管理咨询公司麦肯锡提出了组织管理 7-S 框架，认为影响企业成功有七个方面，即：组织结构、战略、体系、技能、管理风格、员工、核心价值。麦肯锡认为：这七个变量中的核心就是企业核心价值观。

什么是核心价值观？核心价值观就是指企业在经营过程中坚持不懈，努力使全体员工都必须信奉的信条。核心价值观深深根植于企业内部，是引领企业开展一切经营活动的指导性原则。诺贝尔经济学奖获得者、著名心理学家赫伯特·西蒙（Herbert Alexander Simon）认为决策判断有两种前提：价值前提和事实前提，这说明价值取向也就是价值观对于决策的重要性。詹姆斯·科林斯（James C. Collins）和杰瑞·波拉斯（Jerry I. Porras）在《基业长青》这本书中写道："能长久享受成功的公司一定拥有能够不断地适应世界变化的核心价值观。"他的研究发现，核心价值观是包括惠普、强生、宝洁、默克制药和索尼等公司成功的关键因素。

一般来说，企业核心价值观有这样几方面的作用：

（1）为企业的生存与发展确立了精神支柱。企业核心价值观是企业领导者与员工据以判断事物的标准，一经确立并成为全体成员的共识，就会产生长期的稳定性，甚至成为几代人共同信奉的信念，对企业具有持久的精神支撑力。当个体的价值观与企业核心价值观一致时，员工就会把为企业工作看作是为自己的理想奋斗。企业的发展过程中，总要遭遇顺境和坎坷，一个企业如果能使其核心价值观为全体员工接受，并以之为自豪，那么企业就具有了克服各种困难的强大的精神支柱。从古至今，价值观都被认为是一个团队成败的关键，拥有正确的核心价值观，并形成以核心价值观为基础的团队文化，才能形成团队的核心竞争力。中国四大文学名著之一《水浒传》中108个梁山好汉，个个身怀绝技，性格各异，如果没有统一的价值观，不要说打别人，自己早就打起来了。为了对内防止打架，对外吸引人气，宋江就琢磨出了以"忠义""替天行道"为核心的梁山泊价值观，这样的价值观让大家同心协力，团结在一起。但是后来，关于价值观的理解上出现了分歧，也就是在接受招安算不算"忠义"这个问题上，大家想法不一致，宋江认为应该投降，李逵认为打打杀杀挺好的，还有些人认为，衙门不抓我们就很好了，价值观的分裂是导致梁山团队土崩瓦解的重要原因之一。我们可以看到，宋江领导的梁山团队以价值观的"合"而聚在一起，最后也以价值观的"分"而各奔东西。

（2）决定着企业的个性。在不同的社会条件或时期，都会存在一种被人们认为是最根本、最重要的价值，并以此作为价值判断的基础，其他价值可以通过一定的标准和方法"折算"成这种价值。企业作为独立的经济实体和文化共同体，在其内部必然会形成具有本企业特点的核心价值观，这种核心价值观决定着企业的个性，规定着企业的发展方向。

（3）对企业及员工行为起到导向和规范作用。企业核心价值观是企业中占主导地位的管理意识，能够规范企业领导者及员工的行为，使企业员工很容易在具体问题上达成共识，从而大大节省了企业运营成本，提高了企业的经营效率。企业核心价值观对企业和员工行为的导向和规范作用，不是通过制度、规章等硬性管理手段实现的，而是通过群体氛围和共同意识引导来实现的。

现代企业应该建立怎样的核心价值观？阿里巴巴核心价值观包括"诚实正直，信守承诺"，中国电信核心价值观中有"诚信合作"，IBM公司核心价值观中有"诚信负责"，壳牌公司的核心价值观中有"诚实"，宝洁公司核心价值观中有"诚实正直"。我们不难看出，不同的企业站在不同的角度，关于企业核心价值观有着各具特色的诠释，但在这些公司的核心价值观中，有一点是共同的：诚信。因此，诚信被多数学者和企业认为是企业核心价值观中最为重要的一条。"诚信走天下，失信步维艰"，"诚信"作为一项普遍适用的道德规范和行为准则，是建立行业之间、组织之间以及人与人之间互信、互利的良性互动关系的道德杠杆。一个不讲诚信、不守信用的企业或个人，在现代社会不会有长期立足之地。失信也许可以获得短期利益，但从长期来看，实际上是自掘坟墓。如美国安然公司（Enron）和长春长生生物科技有限公司走向失败的一个重要原因就是缺乏诚信，美国安然公司，这个总部设在休斯敦的世界能源巨头，曾经在全球 500 强企业之中高居第七，2000 年时的销售规模超过千亿元，是许多美国人梦寐以求的最佳工作选择。它曾被认为是新经济时代传统产业发展的典范，做着实在的生意，有良好的创新机制。"沟通、尊重、诚信、卓越"是安然的价值观，但是导致安然破产的一系列事实证明了它的"诚信价值观"实际上是一个伪装，当这层伪装被揭破后，安然神话随之破灭。2001年10月，安然公司由于会计造假和诚信危机，一夜之间瞬间倒坍，宣告破产。2018年7月，长春长生生物科技有限公司由于在狂犬病疫苗生产中存在造假行为，主要负责人被批准逮捕，公司陷于破产边缘，这些都是现实生活中的鲜活案例。

我曾经在长沙一家知名的民营企业做过较长时间的人力资源招聘顾问，企业老板是一位有影响的企业家。我记得第一次到该企业做招聘顾问的时候，老板便提出了一个要求：在招聘环节，请一定要首先淘汰掉那些文凭和履历资料弄虚作假的人，如果这些人在应聘过程中就弄虚作假，那我有充分的理由认为，这些人在今后的工作过程中一定会如此。这位企业家的观点，我是非常赞同的。这家企业近年来发展非常快，他们提出的核心价值观就是："先做人，再做事"，我想，这正是这个企业成功的关键因素。

企业价值观绝不是虚无缥缈的东西，也不是挂在墙上的口号。构建企业的核心价值观一定需要建立有形的、强大的考核体系，这样才可以倒逼员工的行为，规范员工的行为模式、做事标准，并内化为员工的自觉行为。在这方面，阿里巴巴的一些做法是值得我们借鉴的。阿里巴巴把价值观和绩效考核结合起来，虚事实做，价值观有着明确的考核标准。阿里巴巴的价值观被称为"六脉神剑"（客户第一、团队合作、拥抱变化、诚信、激情、敬业），每一条价值观都有非常明确的行为描述[1]。比如什么是"团队合作"？"团队合作"有一条就是决策前充分发表意见，决策后言行上坚决执行。同时，每一条价值观被细化成5个行为等级（从1分到5分），并且有着明确的量化考核标准。如"客户第一"，1分至5分的表述分别为：尊重他人，随时随地维护阿里巴巴形象（1分）；微笑面对投诉和其受到的委屈，积极主动地在工作中为客户解决问题（2分）；与客户交流过程中，即使不是自己的责任，也不推诿

---

[1] "阿里新六脉神剑出鞘：客户第一、员工第二、股东第三"．搜狐网，2019-9-11．

（3分）；站在客户的立场思考问题，在坚持原则的基础上，最终达到客户和公司都满意（4分）；具有超前服务意识，防患于未然（5分）。在考核时，员工需要按照价值观考核细则给自己打分，再由部门主管根据员工表现打分。而且，阿里的价值观考核和绩效考核各占50%权重，考核结果用于奖金和晋升。2013年阿里巴巴将价值观评价的5个行为等级，调整为"ABC"三个行为等级，2019年，阿里巴巴的价值观升级为"新六脉神剑"（客户第一，员工第二，股东第三；因为信任，所以简单；唯一不变的是变化；今天最好的表现是明天最低的要求；此时此刻，非我莫属；认真生活，快乐工作），并将价值观评价调整为"0-1"两个等级，价值观要求更高，考核更加严格。

让我们回到本节开篇的"困惑与思考"，如果你是小王，你将会从哪个角度去写这份书面报告呢？我的建议是，一定要围绕着"诚信"这个核心价值观向公司提出建议：首先，公司为了节约成本，将混合食用油以"100%人工榨取植物油"的名义推向市场，是一种缺乏诚信的表现，违反了企业的伦理道德。其次，如果不将"诚信"纳入公司的核心价值观，这种将短期利益高于一切的不道德行为，对外而言，终将有一天会丧失社会公众的信任并直接引发公司生存的危机；对内而言，将在公司内部自上而下形成一种"弄虚作假"的文化，员工道德水平下滑，使得公司规章制度形同虚设，最终动摇公司生存与发展的根本。

核心要点

企业伦理道德是在企业经营活动中占实际支配地位的善与恶、应该或不应该的规范，是正确处理企业与利益相关者关系的规范。

企业伦理道德与企业文化、规章制度密切相连；企业伦理道德是企业文化的重要内容之一；企业伦理道德与企业规章制度相互补充。

一个企业的可持续发展，必须有自己的伦理道德标准，最重要的是要形成企业的核心价值观。

"诚信"是企业核心价值观中最为重要的一条。

学以致用：可以参照行业的"潜规则"吗？

现实生活中，一些企业不是依照伦理道德的基本要求来规范企业经营行为，而是参照所谓的行业"潜规则"。

▶▶**请思考**：你如何看待这种现象？参照所谓的行业"潜规则"，是利大于弊，还是弊大于利？

3.5 责任心与执行力

责任心与执行力

困惑与思考：这种现象出现的原因是什么？

某公司一位部门主管安排一位员工去准备会议所需饮品。员工按照预计到会人数去准备了一箱矿泉水，这位部门主管大叫："怎么够？肯定要多准备一些，至少要两箱。"员工当即就去又买了一箱矿泉水回来，部门主管一看，又大叫："你怎么只买了矿泉水？还要准备一些茶类饮品。"员工接着又买了一箱茶类饮品回来。部门主管摇头感叹道："员工执行力太差了！"员工却委屈地说："部门主管自己没有交代清楚！"

▶▶**请思考**：这是现实管理工作中常见的现象，你认为出现的原因是什么？

执行力近年来引起了管理者的极大兴趣和高度关注。所谓执行力，指的是有效利用资源、保质保量达成目标的能力，是把企业战略、规划、目标转化成为效益、成果的关键。执行力包含了完成任务的意愿，

完成任务的能力，完成任务的程度。对个人而言执行力就是办事能力；对团队而言执行力就是战斗力；对企业而言执行力就是经营能力，简单来说执行力就是行动力。

执行力既反映了组织（包括政府、企业、事业单位、协会等）的整体素质，也反映出管理者的角色定位。管理者的角色不仅是制定策略和下达命令，更重要的是必须具备执行力，执行力的关键在于通过制度体系、企业文化等规范引导员工的行为。管理者如何培养下属的执行力，是企业总体执行力提升的关键。相信大家都看过电视剧《亮剑》，剧中的李云龙带的都是不怕死、打仗不含糊、执行力强的人，他所带领的整个部队，都有一种气质，就像干柴，只要有一把烈火，马上就点起来了。只要李云龙一下达命令，所有人都拼命往前冲，这就是执行力！

提高执行力有两个条件：一个是工作能力；一个是责任心。责任心是指个人对自己和他人、对家庭和集体、对国家和社会所负责任的认识、情感和信念，以及与之相关的遵守规范、承担责任和履行义务的自觉态度。对于企业来讲，具有责任心的员工，会认识到自己的工作在组织中的重要性，把实现组织的目标当成自己的目标，这也是我们应该具备的不可或缺的态度。

责任心与执行力存在着密切关系。首先，责任心是前提。责任心是我们做好工作、成就事业的前提，是战胜工作中诸多困难的强大精神力量。只有对企业高度负责、对员工高度负责、对工作高度负责，才会竭心尽力、兢兢业业、精益求精地做工作。责任是一种情怀，一种担当，一种境界和觉悟，它是企业的防火墙，没有了这道墙，什么病毒都可能侵入，再强的企业也会垮掉。

其次，执行力是关键。执行力是企业内部从上至下、各个层次、各个环节对企业的目标、指标、任务进行一丝不苟地执行的一种能力。它是把握规律、创造性开展工作的能力，是化解矛盾、解决问题的能力，也是狠抓落实、坚决完成任务的能力。"三分战略，七分执行"，目标与结果能否有机统一，关键在执行，执行力度直接决定实现目标的效果。

执行力就是竞争力、创造力、生产力，缺乏执行力，再好的制度也只是纸上谈兵，再远大的战略目标也只是空想。

最后，责任心与执行力是相互联系、相辅相成的统一体。加强责任心是为提高执行力服务的，是提高执行力的基础和前提，没有责任心，执行力根本无从谈起。执行力是责任心的体现和最终落脚点，二者共同构成优秀员工立足岗位、奉献企业的重要素质和能力。

高效执行力的建设包括几个方面：

（1）提高执行力要以"责任心"为核心。人们常说："责任心是第一执行力"，部分员工缺乏基本职业素养甚至是由于责任心缺失带来的行为失控，引发出各种问题，已经成为企业发展道路上的巨大阻碍。有一种说法是，责任心有多强，能力就有多大。假如做一件事没有责任心，工作能力就会大打折扣，也就永远达不到工作的目标或者标准，执行力根本无从谈起。相信很多人都有看过电视剧《士兵突击》，有一个士兵叫成城，他的各项军事科目都很优秀，为什么没有连队要他？而另一个士兵叫许三多，他很笨拙，但是最终成为兵王？这离不开责任心。强大的责任心坚定着许三多的军人信念；强大的责任心助长着许三多的军事技能和素养；强大的责任心点石成金，化腐朽为神奇！当我们在家里，我们的责任就是赡养老人，抚养子女，维护家庭；当我们在工作中，我们的责任就是做好本职工作，对领导、同事负责；当我们在社会中，我们的责任就是遵守法规、习俗、道德的制约，这是一个社会人应该承担的社会责任。可以说，每一个人都在各种责任之中游走，这是常态。也正是这样的责任感、责任心激励着我们不断前进。只有敢于承担责任的人才会负起更大的使命，只有这样的人才值得信任，才能使执行力得到提高。因此，一个人是否是一个有执行力的人，我们也可以通过他在家庭、工作、社会中的表现，看到他的责任心，有责任心的人一般来说执行力都不会太差。家庭和睦、遵纪守法的人，在工作中执行力也差不到哪里去，这可以作为我们企业挑选人才的一个标准。

（2）提高执行力要有明确的目标。我们在做每项工作时，都先要有明确的工作目标，领导及员工都要做到"沟通要充分，决定要服从"。员工在接到任务时，要做到服从目标、服从领导、服从变化，这是做好每项工作的前提条件。

（3）提高执行力要有细致的计划。仅仅依靠目标是无法使员工有效地执行公司的策略，目标只是一个方向，而如何采取恰当的方式来达成目标，才是推动工作的重要手段。在计划的制订过程中，要充分考虑整体实施的科学性、完整性，无论是战略计划还是战术计划，必须统揽全局。除了整体的计划要明晰外，针对不同环节、不同部门、不同岗位的计划也必须明细化，做到所有员工有章可循，环环合理相扣，企业这个大机器才可以科学运作。

（4）提高执行力要有合理的流程。在现实工作中，通常存在这样的现象：一项工作如果没有领导过问，就不会有自觉落实的行为，企业的日常管理工作必须从"靠领导推动工作"转向"靠流程管理工作"，提炼目标工作的关键业务内容；明确每个流程的具体业务工作；规定流程运作的时间；保证每项目标任务执行过程中的信息畅通等都是合理流程的组成部分。

（5）提高执行力要有科学的考评。考评的出发点在于营造一个公平的工作环境，让每个员工都得到公正的回报，所以在制定考核的过程，必须充分考虑各类员工的工作性质和环境的差异。

（6）提高执行力要有到位的监督。在管理过程中，监察工作的重要性是毋庸置疑的。缺乏对执行过程的跟踪与监控，任何人都可能偷懒，及时对执行结果进行反馈总结，也是提高管理执行力的有效手段。

让我们回到本节开篇的"困惑与思考"，这个案例实际上体现了部门主管和员工在责任心与执行力方面都存在欠缺。高效地提高执行力与责任心，在一般情况下首先要进行充分地沟通，对完成目标任务取得较为一致的认同。从案例中可以看出，员工是这件事的具体执行人，他要为自己执行的结果负责，应该具有高度的责任心。员工去准备会议所需饮品之前，应该要去相关部门了解一下平时需要准备哪些种类的饮品，一般一次采购要多少，然后再行动，理性的执行才是真正的执行。而部门主管也应在发布指令前与员工进行必要沟通，使员工了解具体的需求。

核心要点

执行力是指有效利用资源、保质保量达成目标的能力，是贯彻战略意图，完成预定目标的操作能力。

执行力是一种纪律；执行力是企业领导人首要的工作；执行力必须成为组织文化的核心成分。

提高执行力要以"责任心"为核心，"责任心是第一执行力"。要有明确的目标、要有细致的计划、要有合理的流程、要有科学的考评、要有到位的监督。

学以致用：执行的结果取决于执行力最差的员工吗？

有人说，从"木桶效应"与执行力的关系来看，执行的结果取决于执行力最差的员工。

▶▶ **请思考：** 请谈谈你对这句话的理解？

第 4 章

第三项修炼：高效组织、优秀文化

本·章·概·览

4.1 高效组织建立中的基本问题

4.2 如何选择合适的组织结构？

4.3 高效沟通的技巧

4.4 打造优秀的组织文化

4.5 案例分析：销售部的责任

4.6 案例分析：辞职风波

4.1 高效组织建立中的基本问题

组织中的
基本问题

> **困惑与思考:"能干"的办公室主任为什么不再"能干"了?**
>
> 李江在公司担任办公室主任职务,公司的一些工作,如品牌管理、客户咨询,等等,以前并不是日常工作,可以不用专门人员负责,一直都是由能干的办公室主任兼管,李江应对这些工作得心应手,颇有"成就感",是公司上上下下公认的"能干"的人。
>
> 公司最近一年来的业务增长很快,出现了很多新的工作。总经理有时候会将这些新的工作安排给某个部门。但是,有时候并不确定新任务该安排给哪个部门,总经理便会将其安排给办公室主任李江。
>
> 总经理很快就发现,办公室主任李江不如以前"能干"了,不仅没能做好这些新布置的工作,而且连原来的一些工作也经常没干好。办公室主任李江却觉得自己比以前更卖力更忙了,公司交代的事情太多了,他每天都身心疲惫,却还是经常会受到总经理的批评,他完全没有了曾经有过的成就感。
>
> ▶▶**请思考**:从组织设计的角度来看,"能干"的办公室主任为什么不再"能干"了?

组织是人类生存的基本方式,是连接人与社会的中介。正是通过组织,才将具体的个人联系在一起。要建立一个高效的组织,需要解决哪些基本问题呢?

建立高效组织,首先需要思考的第一个基本问题是:选择什么样形态的组织结构?与组织结构密切关联的有两个基本概念:管理幅度与管理层次。管理幅度也称管理跨度,是指一名领导直接管辖的下级数量。管理幅度存在一定的限度,要保持在合理的数目范围,否则,会影响领导与管理的工作，影响下级的积极性。管理层次也称组织层次，是职权等级链上所设置的管理职位的级数。一般情况下组织分为三个管理层次，即高层、中层和基层。在组织规模确定的条件下，管理层次与管理幅度呈反比关系，也就是说每个主管直接管辖的下级人数越多，所需要的管理层次就越少。管理层次和管理幅度的不同组合就形成了"金字塔"和"扁平化"两种不同类型的组织结构形态，如图4-1所示。

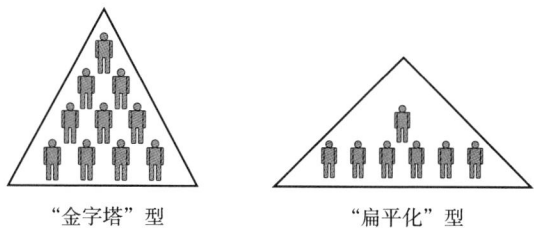

图4-1 两种组织结构形态

资料来源：作者整理。

"金字塔"型的组织结构是一种管理层次多、管理幅度小的组织结构，而"扁平化"的组织结构则是一种管理层次少、管理幅度大的组织结构。

现在多数企业都强调：组织结构要从传统的"金字塔"型向"扁平化"型的方向转化。是不是由于传统的"金字塔"型组织结构缺乏效率呢？其实，传统的"金字塔"型组织结构在相当长的一段时间里，被认为是富有效率、能够带来效益、能够产"金"的一种组织结构。"金字塔"型组织结构具有结构严谨、等级森严、分工明确、便于监控等优点。为什么我们又主张大多数组织的结构要"扁平化"呢？其根本原因在于，多数企业今天所处的外部环境已经发生了彻底的变化。在物质经济相对缺乏的年代，企业生产的产品总是能够卖出去，外部环境是相对稳定的，不需要过多地去关注外部市场环境，企业管理的重点是内部的生产。为了确保内部的生产自上而下、有条不紊，企业的管理幅度就不能太宽，太宽则有可能管理失控。由于管理幅度较小，自上而下就需要很多的管理层次，这样才可以做到一级指挥一级、一级控制一级，内部管理自上而下，井然有序。

然而今天大多数企业所处的外部环境发生了翻天覆地的变化，企业必须随着外部环境的变化，及时做出反应，这就要求其组织结构更加灵活，反应速度更快。传统的"金字塔"型组织结构的弊端也就暴露了出来，因此现在多数企业的组织结构要从传统的"金字塔"型向"扁平化"型的方向转化。但是对于某些特定的组织而言，为了强调自上而下，高度一致，依然需要保持"金字塔"型组织结构，比如说军队，就是一种典型的"金字塔"型组织结构。

建立高效组织，需要思考的第二个基本问题是：组织中的决策权应该如何分配？这实际上就是组织中的"集权与分权"的问题。集权是指把较多并且较重要的管理权责集中于高层组织，分权是指把较多且较重要的管理权责分散到中层和基层组织。集权有利于保证组织统一领导和指挥，但是缺乏弹性和灵活性，对特殊情况的应变能力较弱，有时甚至会出现领导者独断专行的弊端；而分权就比较灵活，有利于发挥中层或基层组织的主动性和创造性，做到从实际出发、因地制宜。集权与分权都只能是相对的，只有很好地将二者结合起来，一个组织才能健康运作。

建立高效组织，需要思考的第三个基本问题是：选择什么样类型的组织结构？大自然界存在一个普遍规律：结构决定特征。比如说，石墨和金刚石，内部构成元素完全一样，但是由于结构不一样，所呈现出来的外部功能和特征也完全不一样。同样，一个企业是否选择了一个合适的组织结构，对于这个企业有着至关重要的影响。我经常到一些企业去做管理咨询工作，企业通常会安排专人向我们介绍这个企业的一些情况。我就发现，有些人介绍得非常好，一下子就让我了解了这个企业的概况，而有些人滔滔不绝，我还是搞不清楚企业的概况。其实，要想让别人在最短时间里了解你的企业概况，最简单也是最有效的方式就是直接摆出企业的组织架构图。只要一看到组织架构图，这个企业的情况也就一目了然了,因为"结构决定特征"。

由于组织内外部环境的不同,组织结构的类型也不尽相同,有很多具体的类型,如直线型、直线职能型、事业部型、矩阵型、网络型和控股型,等等,我们具体应该选择哪一种类型呢?这个问题在后面的章节中将会给大家进行详细介绍。

让我们回到本节开篇的"困惑与思考","能干"的办公室主任为什么不再"能干"了?如何去解决这一问题?在组织结构设计中,我们常常会遇到这样一个问题,到底是应该"因岗设人",还是"因人设岗"?一开始,办公室主任的工作顺风顺水。后来随着企业规模的扩大、业务的增加,但企业并未设计相应的组织结构来应对,而是全都堆在办公室主任身上。由于事情繁多,使得办公室主任压力倍增,工作效果却越来越差,能人不再能干了。

我们可以看出,任何人,都要在一个合适的组织结构中,才有可能去发挥他的长处。一个企业,如果没有选择一个好的组织结构,那么"能人"也没办法去发挥他的长处。显而易见,合理的组织结构,对于企业的发展十分重要。

核心要点

组织就是指人们为实现一定的目标,互相协作结合而形成的集体。

建立高效组织,需要思考三个基本问题:选择什么型态的组织结构;决策权应该如何分配;选择什么类型的组织结构。

管理幅度是指一名领导直接管辖的下级数量,管理层次是职权等级链上所设置的管理职位的级数。在组织规模确定的条件下,管理层次与管理幅度呈反比关系。

"金字塔"型和"扁平化"型组织结构,各有优势和缺陷,要视组织的具体情况而定。

集权与分权都只能是相对的,只有将二者很好地结合起来,一个组织才能健康运作。

> **学以致用：留下老师傅的做法合理吗？**
>
> 某服装制造公司实行技术改革，撤掉了原有的传统制造部，传统制造部的多数工人都选择了自谋职业。但有一个老师傅，在公司服务了20多年，平时制衣手艺高超，为人处事不错，也深得老板和员工的喜欢。老板决定将他留下来，这个老师傅本人也十分愿意留下来，公司的员工也都没有反对意见。但是人力资源部门在给老师傅安排岗位时，犯难了，现有的岗位都不适合他。老板于是要求人力资源部门，根据这个老师傅的实际情况，专门设立一个岗位，发挥他的长处。
>
> ▶▶ **请思考**：你认为老板的这个做法合理吗？在组织结构设计中，到底是应该"因岗设人"，还是"因人设岗"？

4.2 如何选择合适的组织结构？

（上）

（下）

如何选择合适的组织结构？

> **困惑与思考：如何解决公司面临的三个问题？**
>
> 我有一位MBA学生，研究生毕业后开始自主创业，创办了一家15人左右的小公司，由于公司规模不大，大事小事都是他自己亲自过问。经过一年的发展，公司业务有了较快增长，员工数增加到50多人了，出于管理成本考虑，他并没有增设职能部门。最近他跟我提到了公司管理中的一个"难题"：公司里无论出了什么问题，员工首先想到的就是向他"请示"。这种状况带来了三个问题：
>
> （1）老板个人工作量迅速增加，工作效率也不高。
>
> （2）员工之间缺少联系，各自为政，员工凝聚力开始下降。
>
> （3）员工遇到一些日常性问题不知道相应的操作流程和责任人。
>
> ▶▶ **请思考**：应该如何从组织结构的设计上解决这些问题呢？

组织结构就是组织各个组成部分以及它们之间关系的一种模式。美国著名管理学者西蒙（H. A. Simon）曾经说过："有效开发社会资源的第一个条件就是建立有效的组织结构。"长期以来，组织结构都是管理学者们所关注的重点问题。组织结构通常分为六种类型：直线型、直线职能型、事业部型、矩阵型、网络型和控股型。

直线型组织结构是一种最早和最简单的组织形式，如图4-2所示。这种组织结构产生于工业发展初期的手工作坊，当时劳动生产过程十分简单，手工作坊规模也很小，这种组织形式没有设立职能机构，作坊中的生产、技术、销售、财务等各项事务都需要老板或工场主"个人管理"。今天，一些公司刚刚创业起步的时候，大多是采用这样的组织结构形式来运营。这种组织结构，由于受领导者能力的限制，管理幅度不可能很宽，因而直线型结构适用于产品单一、生产过程简单的小型企业，对于产品多、业务复杂、技术要求高的大型企业，则不适用。

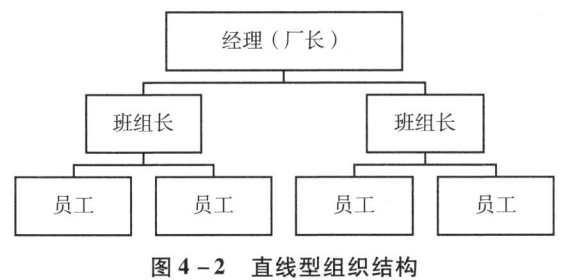

图4-2 直线型组织结构

资料来源：作者整理。

随着手工作坊的进一步发展，员工的数目越来越多，组织的规模越来越大，管理的事务越来越复杂，各项事务都由老板"个人管理"显然不现实。于是更多的企业或组织就选择了"直线职能型"结构，如图4-3所示。这种组织结构是在直线型结构的基础上增加了一些职能部门，如财务部、人力资源部等，这样既能分担直线领导的工作量，又能显示出专业化管理优势。

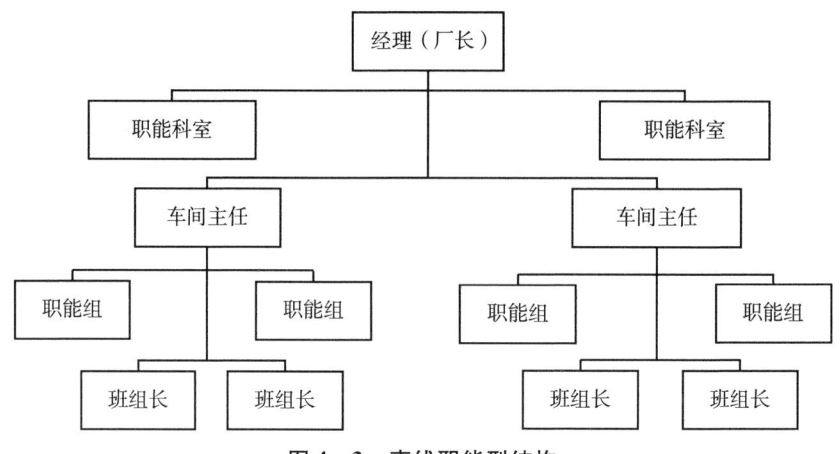

图 4-3 直线职能型结构

资料来源：作者整理。

直线职能型结构既能保证统一指挥，又能发挥职能部门的参谋作用。但是也会产生一些问题，存在的主要问题有：(1) 职能部门的专业人员除了本身的技能外，其他专业可能无法通晓，以致可能存在"见树不见林"的问题；(2) 直线指挥部门与职能参谋部门的工作不易协调，容易产生矛盾；(3) 权力过于集中。这种组织结构适用于中小规模的企业或组织，当组织持续成长到一定的阶段，很多企业或组织就会推动组织结构向事业部型组织结构转化。

事业部型结构，即 M 型结构，最早是由美国通用汽车公司总裁斯隆（Alfred Sloan）于 1924 年提出的，故有"斯隆模型"之称，也叫"联邦分权化"。它是一种在总公司之下，按产品或地区设立事业部的组织结构，如图 4-4 所示。事业部型结构由总公司负责组织方针的制定和控制，方针的具体执行和运用则由各事业部自行实施。事业部承担着向总公司完成利润的责任，同时可以根据本事业部活动的需要设置职能部门和机构。这种组织结构实施"政策制定集权化，业务经营分权化"。

第4章 第三项修炼：高效组织、优秀文化

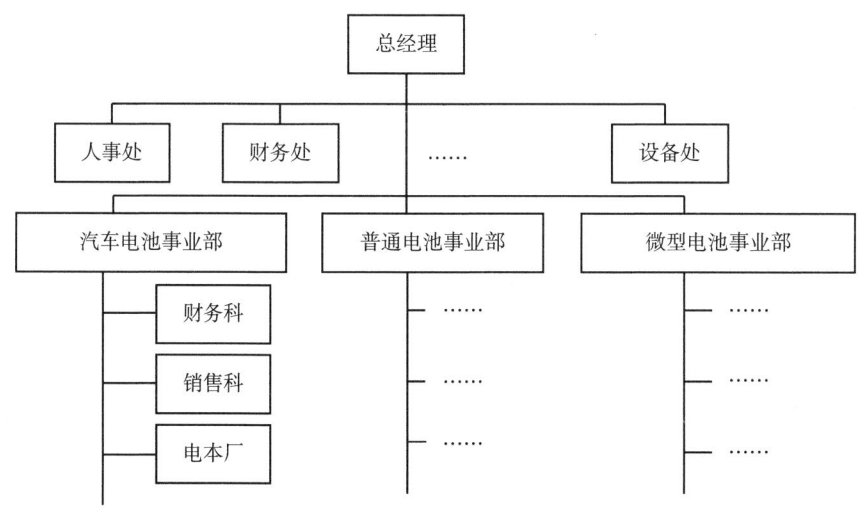

图 4-4 事业部型组织结构

资料来源：作者整理。

事业部组织结构通常具有三个层次：

（1）"战略决策中心"：总公司负责战略制定，掌握大的人权和财权，不再负责日常的生产经营事务。

（2）"利润中心"：各个事业部不是独立的"法人"，但是每个事业部都是一个独立的利润中心，具有向总公司完成利润的责任，在总公司的领导下，按照"统一政策，分散经营，独立核算，自负盈亏"的原则开展经营活动。

（3）"成本中心"：各个事业部可以根据业务活动的需要，设置一些职能机构，这些职能机构属于成本中心。

组织的结构并非一成不变，随着组织内外部环境的不断变化，以及组织自身的不断成长，组织结构的形式也会经历一个不断演变过程。我们来看一下腾讯公司组织结构调整的过程。2012年5月18日，腾讯公司的组织机构从之前的业务系统制（BU）升级成了事业群制（BG），现有业务重新划分成企业发展事业群（CDG）等5个事业群，整合原有的研发和运营平台，新的技术工程事业群（TEG），并成立腾讯电商控股公司（ECC）。马化腾在一封内部邮件中，指出了此次整合要实现的几大目标是：强化大社交网络、拥抱全球网游机遇、发力移动互联网、整合网络媒体平台、聚力培育搜索业务、推动电商扬帆远航。

腾讯进行组织结构的调整，主要有两方面原因。从外部看，是顺应移动互联网、电子商务及社交网络发展的必然需求。一方面，强化了移动互联网、电子商务和社交网络三大业务；另一方面，搜索业务的双引擎组织架构设计，推进搜索的商业化。从内部看，随着腾讯人员及组织的不断扩充，已有的组织机构出现了诸多弊端。第一，腾讯之前研发＋业务系统＋运营平台的组织架构，导致不同业务部门自立山头，开发近似产品，出现资源浪费情况；第二，随着组织的庞杂，各业务部门间沟通成本增加，且效率降低；第三，KPI导向的管理机制导致组织僵化，忽视了用户体验及需求。因此组织架构调整，移动互联网业务由之前的无线业务系统整合而来，并增加了之前搜索研发平台的资源，可以看到腾讯对移动互联网业务的重视。从腾讯的事业制改革我们可以发现，当企业战略目标调整之后，就必须重新调整组织结构，战略是通过组织来实现的，要有效地实施一项新的战略，就需要一个新的组织结构。

矩阵型结构是由纵向的职能部门和横向的产品或项目部门交叉形成的一种组织结构，如图4-5所示。这种组织结构有纵横两套管理系统，一套是纵向的职能系统，另一套是为了完成各项工作任务而组成的横向项目系统。矩阵型组织是为了改进直线职能型结构横向联系差、缺乏弹性的缺点而形成的，它的特点为：围绕某项专门任务，成立跨职能部门的专门机构。例如，组成一个专门的产品（项目）小组去从事新产品开发工作，在研究、设计、试验、制造各个不同阶段，由有关部门派人参加，力图做到条块结合，保证任务的完成。项目小组在任务完成后就解散，有关人员回原部门工作。因此，这种组织结构具有很好的弹性，非常适用于横向协作和攻关项目。

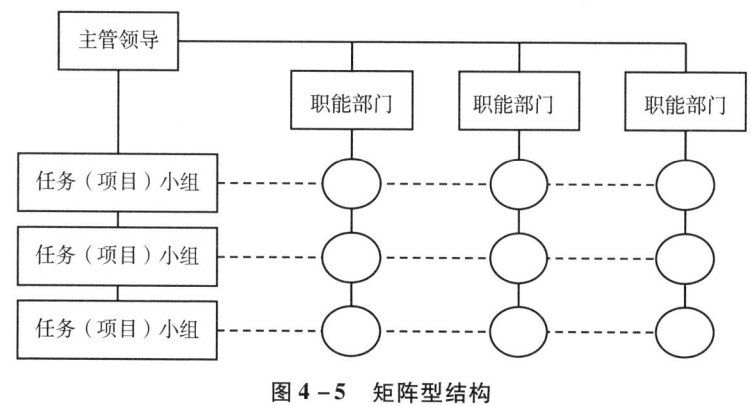

图 4-5 矩阵型结构

资料来源：作者整理。

矩阵型组织结构的优点是：(1) 有利于组织的纵横向关系结合，协调业务工作；(2) 有利于各部门人员之间的接触交流，增加学习机会，提高专业管理水平；(3) 有利于把宝贵的人力资源针对特定任务项目有效配置，集众家之长，扬个体之优，提高工作效率和项目质量。它的缺点是：(1) 矩阵型结构多属于临时性组织（如项目小组等），容易使其成员产生短期观念和行为；(2) 两套管理系统所施加给组织成员的双重领导问题，也会造成工作中的矛盾，降低他们的工作满意度。

矩阵型结构目前已经得到普遍的应用。例如世界电气巨人 ABB 公司使用的就是这种矩阵型组织结构。ABB 公司的业务范围很广，产品包括电力变压器、电气设备、仪器、汽车部件等，在世界上 140 个国家经营业务，拥有 25 万名员工。ABB 公司在每一个国家都采取矩阵型结构，将公司按区域和业务维度划分。这样做是为了既保证公司产品的本土化特点，又保证规模效应和技术的领先性。ABB 本土的经理负责自行开发新产品，而业务经理负责全球的产品战略决策。根据这样的结构，ABB 在全球范围成立合资企业，每个合资企业规模都很小，每个合资公司的总经理都同时向区域经理汇报，也向全球的业务经理汇报。ABB 公司通过矩阵型结构，有效地将全球化战略和本地化产品相结合，将跨国公司的规模优势和小公司的灵活、低成本优势相结合。

随着经济全球化以及现代信息网络的发展，组织结构也演变出一种新的形式——网络型组织结构。网络型组织结构又称为虚拟型组织结构，是由一家组织与其他一家或多家组织形成的联盟型结构；处于联盟中心的组织只负责最核心的功能，其他的功能通过外包方式委托其他组织去完成。被连接在这一结构中的各组织之间并没有正式的资本所有权关系和行政隶属关系，只是通过相对松散的契约（外包合同）纽带，通过一种互惠互利、相互协作、相互信任和支持的机制来进行密切的合作，如图4-6所示。

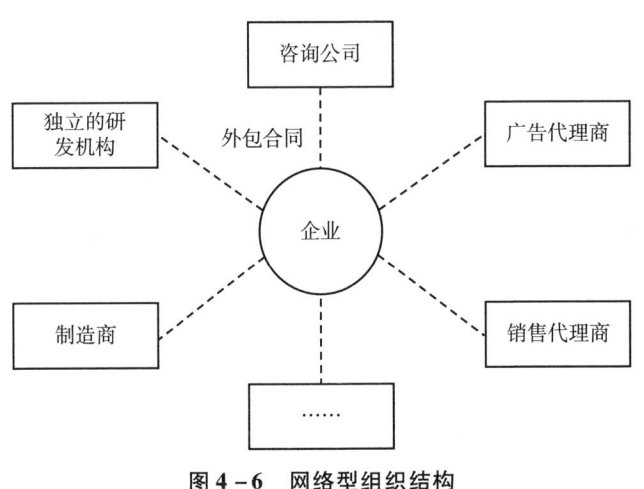

图4-6 网络型组织结构

资料来源：作者整理。

网络型组织结构打破了组织的边界，奉行的原则是：不求所有，但求所用。如耐克公司只负责设计和营销，而将生产完全外包给其他公司，还有很多著名的公司，如金利来、IBM、苹果公司等也都全部或部分采用网络型组织结构。采用网络型组织结构的优点是：公司能够集中精力做自己最擅长的事情，同时，可以减少管理层次，中心组织具有很高的灵活性。当然采取网络型组织结构也有一定的缺陷：一方面难以对制造活动实施严密控制，产品质量存在风险；另一方面，公司的一些知识产权稍有不慎则容易被合作企业窃取。

还有一种类型的组织结构，叫控股型组织结构，又称 H 型结构。这是一种较事业部更为彻底的分权化组织结构。在控股型组织结构的企业中，控股公司往往具备强劲的经济实力，它通过控股、参股子公司来控制子公司的投资决策、人事安排、发展规划等活动，如图 4-7 所示。关于控股型组织结构，本书不做重点介绍。

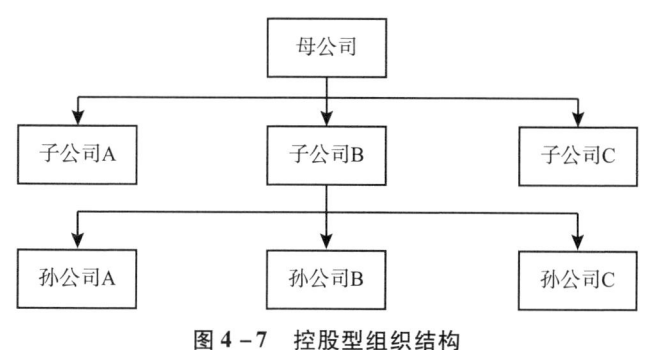

图 4-7 控股型组织结构

资料来源：作者整理。

现在，让我们回到本节开篇的"困惑与思考"，从组织结构的角度来看，如何解决老板遇到的这些难题呢？我的建议是，可以组建直线职能型组织结构，从组织结构层面进行三方面的优化：

（1）专门化。该公司应该更多地采用"各司其职"做法，管理人员（如财务人员、行政人员）的工作职能相对固定，这样，公司的分工明晰，员工对自己所从事的工作非常熟悉，可以找到工作的窍门，提高工作效率。

（2）部门化。根据公司的规模设立销售、财务、人事等部门，明确各部门负责人，每个部门各司其职，公司的事务都分解到这些部门来完成。

（3）将"线"的组织转变成"面"的组织。"面"的组织是指各个员工不仅要与总经理或者部门经理形成直接的纵向连接，而且在员工之间要形成横向连接。

核心要点

直线型组织结构是一种最早和最简单的组织形式。

直线职能型结构在直线型结构的基础上增加了一些职能部门，如财务部、人力资源部等，这样既能分担直线领导的工作量，又能显示出专业化管理优势。

事业部型结构，即 M 型结构，是一种在总公司之下，按产品或地区设立事业部的组织结构。事业部型结构由总公司负责组织方针的制定和控制，方针的具体执行和运用则由各事业部自行实施。

矩阵型结构是由纵向的职能部门和横向的产品或项目部门交叉形成的一种组织结构。它的特点为：围绕某项专门任务，成立跨职能部门的专门机构。这种结构非常适用于横向协作和攻关项目。

网络型组织结构是由一家组织与其他一家或多家组织形成的联盟型结构，这种组织结构打破了组织的边界，奉行的原则是：不求所有，但求所用！

控股型组织结构，又称 H 型结构，这是一种较事业部更为彻底的分权化组织结构。

学以致用："事业部"和"子公司"，该如何选择？

事业部和子公司都是属于一种分权化的组织结构形式，也是现实管理中常见的两种类型组织结构形式。

▶▶**请思考**：一些企业选择"事业部"这种组织形式，而不选择"子公司"这种形式，主要是出于什么考虑？而一些企业选择"子公司"这种组织形式，而不选择"事业部"这种形式，又是出于什么考虑？

4.3 高效沟通的技巧

高效沟通的技巧

> **困惑与思考：哪种沟通方式不好？**
>
> 假如你是一家公司的高管，你认为以下哪些沟通方式有利于下级接受你的命令？哪些沟通方式最不利于下级接受你的命令？
>
> A. 对待下级态度和善并且礼貌用词
>
> B. 让你的下级有更大自主权
>
> C. 与你的下级共同探讨
>
> D. 让下级提出疑问
>
> ▶▶**请思考**：请给出你的选择，并且说明理由。

古人云：沟者，构筑管道也；通者，顺畅也。沟通无处不在，沟通是指可理解的信息或思想在两个或两个以上的人群中传递或交换的过程。管理中有"两个70%"之说，管理者70%的时间用在沟通上，70%的问题是由于沟通障碍引起的，由此可见沟通的重要性。沟通的目的是让对方达成行动或理解你所传达的信息和情感，沟通的品质取决于对方的回应。真正的沟通是100%的双向沟通，良好的沟通是要说对方想听的，听对方想说的，"一个巴掌拍不响"。"对牛弹琴"的沟通责任在于弹琴者或牛。

沟通由四要素构成：（1）信息的发送者（信源），指确定信息含义并将信息进行编码，传递给他人的个人或团体。信息发出者通常会在信息背景的影响下整理信息，并在发出信息时确定信息的意义及合适的编码方式，以保证发出的信息完整而准确。（2）信息接收者（信宿），是信息传播的目标，也就是信息的接收和解码者。（3）传递的内容（信息），指信息发送者所发出的指令、观点、情感、态度等。（4）传递信息的渠道（信道），信息由发出者到接收者之间的媒介物，称为信息传递途径。

在一个组织内，成员间所进行的沟通，可因其途径的不同分为正式沟通和非正式沟通两种方式。正式沟通是通过组织正式的结构或层次来进行的沟通；非正式沟通则是通过正式系统以外的途径来进行的纯粹个人性质的沟通。正式沟通的优点是沟通效果好，严肃正规，约束力强，易于保密，可以使信息沟通保持权威性。正式沟通的缺点是比较刻板、沟通速度慢、存在信息失真或扭曲的可能。非正式沟通与正式沟通不同，它是由于组织成员的感情和动机上的需要而形成的，其沟通途径是组织内超越部门、单位以及层次的各种关系。它的优点是沟通形式不拘，直接明了，速度很快，容易及时了解到正式沟通难以提供的"内幕新闻"。非正式沟通缺点是难以控制、传递的信息不确切、容易失真，而且它可能导致小集团、小圈子，影响组织的凝聚力和人心稳定。

有效的沟通必须进行有效的编码、解码与反馈。信息的编码受四个条件的影响：技能、态度、知识和社会文化。首先，技能对于有效的沟通有影响，举例来说，如果一个老师缺乏对专业知识的了解，那么他就很难把知识准确地传递给学生；其次，个体的态度影响着有效沟通的行为，比如当一个人对某一部电影的态度不同时，他对该电影的想法和传递出的信息就会有所不同；再次，沟通这一行为还受个人对某一问题所掌握的知识范围的限制，我们对于不了解的东西是无法传递的；最后，不同的社会文化系统也影响着人们的观点和态度，从而影响沟通行为。举例来说，一个中国人和一个美国人，由于社会文化的不同，在沟通中就可能会存在很大的障碍，造成信息传递过程中的失真。由此可见，信息传递过程中由于各种因素的影响都会出现信息失真的现象。所以，信息的反馈也是非常重要的，在每一次沟通之后都要及时进行反馈，以核实信息是否被正确理解。

有人将高效沟通的技巧总结出三个原则：谈行为不谈个性、沟通内容要明确、积极地聆听。

第一，谈行为不谈个性。"谈论行为"就是讨论一个人所做的某一件事情或者说的某一句话，也就是我们平时所说的"就事论事"。个性就是评论某一个人好坏的观点，即我们通常说的这个人是好人或者是坏人，"谈个性"是我们在高效沟通过程中所不提倡的。现实生活中，我们通常发现一些职业人士在沟通的时候严格遵循了这个原则，就事论事地和你沟通。好像显得有一丝冷淡，其实这恰恰是一种专业沟通的表现。现实生活中，也有一些人通常在私下里议论：某某同事非常热情，某某同事非常冷淡，或者某某同事非常大方等，这些都是不符合高效沟通的基本原则，我们要在沟通过程中尽量避免。

第二，沟通内容要明确。在沟通过程中有人经常会说一些模棱两可的话，例如，你的上级可能经常会拍着你的肩膀说："你今年的业绩非常好，工作非常努力！"领导好像是在表扬你，但是接下去他可能还会说一句："明年希望你要更加地努力！"这句话好像又在鞭策你，说你不够努力。这就使人不太明白了：领导到底表达的是什么意思？因此，高效的沟通一定要内容明确，不明确的沟通容易使对方产生误会。

第三，积极地聆听。积极聆听的方式，其实就是清楚地向对方表明你对于他的重视或认同，一方面可以借此鼓励对方表达得更清晰；另一方面可以使对方感受到你对他的重视。积极聆听有四项基本要求：专注、移情、接受、对完整性负责的意愿。专注就是要集中精力听说话人所说的内容，准确理解所听到的信息；移情就是要把自己置身于说话者的位置上，努力去理解说话者想表达的含义而不是你想理解的意思；积极倾听表现为接受，即客观地倾听内容而不作判断；积极倾听的最后一项要素是对完整性负责，在倾听内容的同时倾听情感，并通过提问来确保理解的正确性。

在现实生活中，很多领导都是"按照我的需求"来沟通，领导经常是以"我"为中心开展沟通。高效沟通的三个原则是十分重要的，管理者要把握好这三大原则。某公司老板非常看好他的一位员工小张，给他最好的待遇。但是突然有一天，小张向老板提出辞职。老板十分吃惊。

小张告诉老板："公司给我的物质待遇很好，但是我的一些想法在公司得不到实现。"原来小张经常给老板提出一些建议，基本得不到回应，虽然公司经常开会，但这都是按照老板的需求发出的沟通，没有站在小张的角度进行有效沟通。

让我们回到本节开篇的"困惑与思考"，你认为哪些沟通方式有利于下级接受你的命令？哪些沟通方式又最不利于下级接受你的命令？在A、B、C、D这四种沟通方式中，根据高效沟通的技巧和原则，A、C、D都能促进下级积极接受高管命令，B则不利于下级接受高管的命令。

A沟通方式，在同下属沟通时态度和善，有助于下属在接收信息时有一个良好的工作状态，下属将会积极聆听，符合高效沟通的技巧和原则；C、D两种沟通方式，下级在高管下达命令后有着较高的参与度，有助于双方明确沟通内容，下属也会积极聆听，因此，A、C、D三种沟通方式都可以促进下级积极接受高管的命令。

然而，B沟通方式，由于下级拥有自主权太多，下级通常不愿意聆听高管意见，更愿意按照下级自己想法做事，沟通中很有可能会出现障碍，不利于高管与下级的沟通。

作为一名管理者，要掌握好沟通的技巧和原则，这是政通令达的前提，也是组织高效运转的基本保障。

核心要点

沟通是指可理解的信息或思想在两个或两个以上的人群中传递或交换的过程。

有效的沟通必须进行有效的编码、解码与反馈。沟通由四要素构成：①信息发送者（信源）；②信息接收者（信宿）；③传递的内容（信息）；④传递信息的渠道（信道）。

高效沟通需要遵循三个原则：谈行为不谈个性、沟通内容要明确、积极地聆听。

> **学以致用**：秀才买柴有什么启示？
>
> 有一个秀才去买柴，他对卖柴的人说："荷薪者过来！"卖柴的人听不懂"荷薪者"（担柴的人）的意思，但听得懂"过来"的意思，就把柴担到秀才面前。秀才又问"其价如何"。卖柴人听不太懂，但是听得懂"价"这个字，于是告诉秀才价格。秀才接着说"外实而内虚，烟多而焰少，请损之（你的木材外表是干的，里面是湿的，燃烧起来，会浓烟多而火焰少，请降些价）。"卖柴的人听不懂，以为秀才不想买，挑着柴就走了。
>
> ▶▶ **请思考**：从"秀才买柴"这个案例中，可以得到怎样的管理启示？

4.4 打造优秀的组织文化

打造优秀的组织文化

> **困惑与思考**：民营企业创始人这段讲话有什么启示？
>
> 有一家知名民营企业的创始人，他在一次接受记者的采访中谈道："公司创业初期非常艰难，是什么让公司活下来？金钱、资源，还是人才？这些都不是。让公司活下来的是价值观：客户第一，团队精神，诚信。"
>
> 这位创始人总结说：企业家所做出的有关公司命运的选择，基本上都是和金钱无关的。
>
> ▶▶ **请思考**：这位民营企业创始人的讲话，对于我们有怎样的启示？

组织文化是把组织内部群体成员结合在一起的行为方式、价值观念和道德规范，它反映和代表了一个组织成员的整体精神、共同的价值标准,是推动组织成长和发展的意识形态之总和。组织文化对于组织的存续与发展至关重要,它在组织中发挥着其他因素无法替代的巨大作用。

一般来说,企业的成功可以分为三个层次:市场的成功、制度的成功和文化的成功。如果你刚好抓住了一个很好的市场机会,你获得了市场的成功,其实这只是最低层次的一种成功,因为你是无法保证永远都会有这么好的运气,碰到这么好的市场机会。

为了继续获得成功,接下来,你就必须在管理上有一套,也就是说要有好的制度设计,好的流程体系,才有可能保证你发现和利用更多的市场机会。因此说,企业成功的第二个层次就是"制度的成功"。很遗憾的是,今天不少企业的"成功"仍然停留在第一个层次,他的成功,靠的不是好的制度设计和好的管理模式,而是靠"机会"和"运气",这种企业短期内也许可以成功,但这种成功是无法持续下去。

企业成功的第三个层次,也是企业成功的最高一个层次,就是"文化的成功"。当一个企业所有的员工都有了一种共同的价值理念、一种积极向上文化,这个企业一定是具有极强竞争力的企业。每一家优秀的企业,都有一种独特的文化,正是这种独特、优秀的文化,支撑着这家企业从一个成功走向另一个成功。

组织文化有着四个方面的功能:

(1)导向功能。组织文化可以把个人的价值和行为取向引导到组织目标和共同的价值取向上来。组织提倡什么,反对什么,潜移默化影响着组织成员的行为,使组织成员形成有机整体,朝着既定目标方向努力。

(2)凝聚功能。组织文化通过一定的价值观、信仰和态度来影响着组织成员的处世哲学、世界观和思维方式,并将大家凝聚为一个整体。如果说薪酬和福利是凝聚员工的物质纽带的话,那么组织文化则是凝聚员工感情和思想的纽带。

(3)激励功能。良好的文化氛围,往往可以产生一种激励机制,组织成员在这种激励机制和环境中,会产生强烈的主人翁意识、荣誉感与自豪感，从而激发起工作的积极性、主动性和创造性。

（4）规范功能。作为一个组织，即使有了千万条规章制度，也很难规范每个员工的每个行为。组织文化可以弥补规章制度和权责关系的这些缺陷，规范和制约组织成员的行为。

组织文化对于整个组织的行为具有"软规范"的作用，可以减弱硬约束对于员工心理的冲撞，从而使组织上下左右达成统一、和谐和默契。我经常打这样的比方，文化是什么？文化就如同泡菜坛中的这坛水，泡菜是否好吃，取决于这坛水如何调制。不论你扔进泡菜坛的是萝卜还是青菜，拿出来的都是同样一种味道。湖南有一家非常著名的民营企业，我经常给他们中高层的管理人员做培训，这家企业在国内的产业园区和子公司，我几乎都有去过。我到这家企业的任何一家子公司，每次接待我的人可能都不一样，但给我的印象是，似乎是同一个人在接待我。为什么会给我带来这种感觉？我认为他们的企业文化做得很好。加入这家民营企业的是有着不同思想观念、不同行为习惯的人，但是经过公司文化熏陶之后，对外展示的就是同一种形象，表现的就是同一种行为模式，这就是组织文化的力量。

美国管理学者沙因（Edgar H. Schein）于1990年提出了组织文化四层次理论，将组织文化从内容上划分为表层的物质文化、浅层的行为文化、中层的制度文化和深层的精神文化。

（1）物质文化（形象文化）。我们认识一个企业，总是从它的外在"物质层"开始的，包括它的名称、商标、产品、宣传手册、广告、办公环境以及员工服饰等，透过这些"物质"表现出来的文化，我们称之为组织文化的物质层，也称之为形象层。它们往往是可听、可见甚至是可以触摸得到的，位于组织文化的最表层，距离组织文化的核心和本质也最远。

（2）行为文化。行为文化是企业经营作风、精神面貌、人际关系的动态体现。例如，向客户提交产品是否按时，是否保证质量，为客户服务是否周到热情，上下级之间以及员工之间的关系是否融洽，各个部门能否精诚合作，等等。

（3）制度文化。制度是外加的行为规范，它约束组织成员的行为，维持组织活动的政策秩序，主要是以各项规章制度的形式体现。这一层的文化是通过组织体系、管理规章等方面的设置来反映组织的价值观与精神面貌。

（4）精神文化。精神文化是指企业或组织的领导和成员共同信守的基本信念、价值标准、职业道德和精神风貌。精神文化往往是一个组织长期积累和沉淀的结果，是组织文化的灵魂，在整个组织文化系统中，它处于最核心的地位。

现在，让我们回到本节开篇的"困惑与思考"，这位民营企业创始人的这段讲话，对于我们有怎样的启示？从这位民营企业创始人的这段讲话中，可以看出这家知名企业一路走来，非常不容易，这家知名企业的发展靠的是什么呢？正如这位企业创始人所说，不是钱、资源、人才，靠的不是这些物质文化和行为文化，而是一种"价值观"，是"客户第一""团队""诚信"，也就是我们本节所讲到的"精神文化"。这家知名企业的成功表明仅仅只有物质文化、行为文化以及制度文化都不足以成就一个优秀的组织，一个组织立命的根本在于深层次的精神文化！管理体系一旦丧失了精神层面的价值文化，那么这个组织就不会是一个成功的组织。很多企业都只重视物质层面或行为层面的成功，认为只要公司的形象好了就可以，这是一种错误的思想。无论是大企业还是小企业，都应该追求属于自己组织精神层面的价值文化，这是立足之本，是组织长远发展的源泉！

核心要点

组织文化是把组织内部成员结合在一起的行为方式、价值观念和道德规范，它反映和代表了一个组织成员的整体精神、共同的价值标准，是推动组织成长和发展的意识形态之总和。

企业的成功可以分为三个层次：市场的成功、制度的成功和文化的成功。

组织文化主要有四个方面的功能：导向功能、凝聚功能、激励功能、规范功能。

美国管理学者沙因（Edgar H. Schein）于 1990 年提出了组织文化四层次理论，将组织文化从内容上划分为：表层的物质文化、浅层的行为文化、中层的制度文化和深层的精神文化。深层的精神文化是组织文化的灵魂，在整个组织文化系统中，处于最核心的地位。

> 学以致用：如何看待"狼性文化"？
>
> 　　近年来，很多企业都在推崇"狼性文化"，也有人认为"狼性文化是一种没有人性的文化"。
>
> ▶▶ **请思考**：你是否赞同这个观点，为什么？

4.5　案例分析：销售部的责任

案例分析：
销售部的责任

> 困惑与思考：问题的关键在什么地方？
>
> 　　某化工公司是生产销售卫生材料的，销售部经理谢先生在与客户的接触中发现客户经常抱怨几件事：（1）售出的材料对员工的技术要求较高，拉力太大或太小都会影响最终产品的质量，同时在调试的过程中也增加了材料的浪费；（2）售出的材料质量不稳定；（3）时有交货不准时的现象。
>
> 　　在了解这些情况之后，谢经理组织了一次本部门会议，征求各销售人员的意见。销售员王某认为这几个问题都不是本部门所能解决的，最多只能把情况反映上去。张某认为应该直接与生产部、技术部和运输部联系，以取得相关部门的支持。其他几个销售员也都认为这不是销售部的责任。

谢经理听取这些意见之后,决定以书面报告的形式直接向总经理李先生汇报。总经理李先生看完报告后,立即把营销副总经理郑先生找来,要他负责解决这些问题。郑副总看了报告后把销售经理谢先生找来,首先责问为什么不向他报告,后又指示谢经理与相关部门直接联系以解决这些问题。

谢经理根据郑副总的指示,先后与相关部门进行联系,得到如下答复:

储运部:"因为没有成品,生产跟不上,找生产部门去。"

生产部:"原材料供应不及时,影响生产进度,找供应部门去。"

供应部:"没有足够的资金,找财务部。"

财务部:"因为销售部回款不力,应收款占用大量资金。"

技术部:"可以为客户提供技术支持,你们没有告诉我们。"

质管部:"质量控制太严,更无法交货。"

问题绕了一圈,又回到谢经理这里,可谢经理也有话说:"不就是这些问题,客户才不按期付款的呀!"谢经理现在该怎么做呢?

(资料来源:吴洪刚:《销售经理》[第一章:销售部门的职能与销售经理的职责(下)],中国营销传播网,本书有修改。)

▶▶ **请思考:**

(1)你认为该公司出现了哪些方面的问题?问题的关键在什么地方?

(2)最大的责任人(或责任部门)是谁?

(3)如何去解决这一问题?

相信大家看过这个案例后,都会有一种似曾相识的感觉,很多公司都经常会碰到类似的现象。我们认为,解决任何问题都应该梳理清楚三个问题:第一,到底是一个什么样的问题;第二,这个问题到底是出在哪一个部门或者哪一个人身上;第三,下一步如何去解决这个问题。围绕着三个思考题，我们来开展讨论。

首先，该公司主要存在几个方面问题。

（1）权责不明。各部门之间互相推卸责任，存在"踢皮球"现象，在实际工作中，如何衡量一个公司权责是清晰的？很简单，如果一旦出现了某个事情，凡是与这个事情相关的部门和人员，都找不到任何理由去推卸自己的责任，就表明这个公司权责是清晰的。在这个案例中，我们看到的是完全相反的一种现象，一旦问题出现了，几乎所有部门都有充分的理由去推脱责任，这是典型的权责不清晰。权责清晰的重要性是如何体现呢？若权责清晰，且落实到位，则员工各司其职，整个组织自动进入一种高效的运转状态，组织是健康的。但若权责不清晰，大家互相推诿，出问题也没有责任人承担，更有甚者，高层管理者寄希望于个别角色或者某些个人有足够的主观能动性去承担很大责任和推动问题解决（但没有给予相应的权力），而放任那些本该承担责任的角色不去做好应该做的事，这个组织势必会造就很多不负责任混日子的搭便车者，那些致力于解决问题的积极主动者慢慢会变得很无力和疲惫，这些人要么沦落为搭便车者，要么离开这样的组织。而最终这个组织会沦落为搭便车者的天下，问题不断，流程冗长，内耗严重。

（2）沟通有问题。首先从沟通渠道或沟通机制上来讲，纵向沟通有问题，出现了如此严重的事情，作为销售部门一个小小的经理最近才知道，更不用说分管营销的副总经理以及公司的总经理；横向沟通也有问题，技术支持部门说"我可以为客户提供技术支持"，言外之意就是"你没有告诉我"。其次从沟通程序来看，谢经理直接向总经理报告，属于越级汇报。要在瞬息万变的市场环境和激烈的竞争中生存和发展，组织内部就必须建立有效的沟通系统，沟通对于科学决策、增强组织的凝聚力、提高公司的绩效有着举足轻重的作用。

（3）流程不清晰。在实际工作过程中，如何去判断我们在一些事情上是有流程的呢？很简单，一旦一个事情出现之后，我们每个人都非常清楚，第一步怎么做，第二步怎么做，这就表明我们在这个事情上是有流程的，但在这个案例中，我们看到的是恰恰相反的现象。问题出现之后，谢经理不知道找谁，转了一圈，又回到了原点，这是属于典型的流程不清晰。清晰的工作流程可以有效限制员工的主观随意性、做事的隐蔽性，能加强相互监督促进，保证能力稍微欠缺的人选择效率最优的手段。同时，清晰的工作流程也可以帮助管理者了解实际工作活动，消除工作过程中多余的工作环节、合并同类活动，使工作流程更为经济、合理和简便，从而提高工作效率。因此，企业内部业务流程清晰，不仅有助于提高系统的柔性，适应业务流程的变化，还能使企业各部门更好地发挥服务职能、提高工作效率。

（4）质量管理意识缺乏。在案例中，质量管理部门说了一句话："如果质量管得再严一点，更没有办法按期交货"，这是极其错误的。质量是企业的生命，任何情况之下，都不得以降低产品的质量来换得问题暂时的解决。降低产品质量，对企业来讲实际上就是一种自杀的行为。好的质量管理不仅能够在最大程度上确保和客户利益一致，同时也是保证企业持续发展的根基。

（5）企业文化缺失，突出表现为企业成员缺乏责任担当意识。在案例中，问题出现之后，各部门都表态"我没有责任"，而不是齐心协力一起去解决问题。这是缺乏责任担当意识的表现。优秀的企业文化，对内能形成凝聚力、向心力和约束力，形成企业发展不可或缺的精神力量和道德规范，能对企业产生积极的作用，使企业资源得到合理的配置，从而提高企业的竞争力。

其次，我们来分析最大的责任人（或责任部门）是谁？在讨论这个问题时，相信一定会存在很大的争议，有些人认为是销售部，有些人认为是财务部，也有人认为是质量管理部。我想告诉大家，这家企业几乎每个部门都存在问题。如果一家企业几乎每个部门都存在问题，那就是公司管理体系上存在问题，最大的责任人就是总经理。

最后，我们来讨论如何去解决这个问题？解决任何问题都应该是分两步的，第一步，当务之急如何去化解这次危机，我的建议是从资金入手，财务部门要想办法尽快融资，解决资金缺口，当然销售部门也应该跟客户去沟通，为了鼓励客户按期回款，可以暂时给客户一些优惠政策。当我们有了资金，原材料就可以买进来了，正常的生产就可以保障了，按期交货可以保障了，这个相互推卸责任的循环链条也就破解开了。但如果我们的工作只做到这一步，而不进一步从管理的深层次上解决问题的话，这一次问题是解决了，下一次很快就会出现类似的问题。所以我们必须从长远打算，第二步就是要从管理深层次上采取一些措施，防止类似的问题再次发生，围绕着我们前面分析的几大问题去采取措施。一是明确职责；二是明晰流程；三是建立沟通的机制、沟通渠道；四是强化质量管理意识；五是建立良好的企业文化，培养员工责任意识。

这个案例可以给我们带来几点思考，第一点，一个优秀的企业不是哪一个环节做得优秀，而是没有一个坏的环节来破坏整体。第二点，现行的好企业中没有优秀的个体，只有优秀的整体。第三点，优秀的企业中，同样的问题往往只会出现一回，而管理较差的企业中，同样的问题则会反复经常的出现。

核心要点

一个优秀的企业不是哪一个环节做得优秀，而是没有一个坏的环节来破坏整体。

现行的好企业中没有优秀的个体，只有优秀的整体。

优秀的企业中，同样的问题往往只会出现一回，而管理较差的企业中，同样的问题则会反复出现。

学以致用：问题出在哪里？

在"销售部的责任"这个案例中，各个部门都存在一些问题。要防止类似的问题再次发生，我们必须搞清楚每个部门分别存在什么样的问题。

▶▶**请思考**：请大家具体指出，这个公司各部门分别存在哪些问题？

4.6 案例分析：辞职风波

（上）

（下）

案例分析：
辞职风波

困惑与思考：问题产生的原因是什么？

这是一家总部设在深圳的软件开发公司，为了开发上海业务，公司在上海开设了分公司。上海分公司拥有员工十五人：一名总经理（主管技术支持），一名副总经理（主管程序开发），另有六名程序工程师，四名技术支持，负责售前咨询和售后服务，三名其他员工（包括人事、财务和前台）。

公司原本开发的软件产品已经落后，于是公司决定基于 Java 平台开发新产品，由深圳总部负责总体设计，上海分公司承担具体的软件开发。总公司给出的研发时间是半年，包括了深圳总部的总工程师设计整个软件架构、上海分公司的程序工程师开发、技术支持对软件进行测试的时间。

整个项目开始于今年1月，到3月底，深圳总部的总工程师才将软件架构发到上海分公司，分公司指定三名比较得力的程序员具体负责，总经理要求他们"五一"以前完成全部代码的编写。

4月20日，上海分公司人事部主管林彤却接到了程序员李维想要辞职的电子邮件。新产品开发任务非常急迫，林彤觉得不能让这位同事辞职。但是要先了解清楚到底程序员李维为什么要辞职。以下就是林彤和几位同事交谈的记录：

李维（提出辞职的程序员）：

这段时间工作压力很大，既要开发新产品，又要处理新订单。本来这些我也都认了，可是总经理刘英今天在员工会议上这样批评我，我受不了……（林彤想起来，公司今天开了一个全体员工会议，总经理刘英在会议上批评了所有的程序员，认为他们的工作成效不好。刘英还提到了几个被抽查的项目，发现重复犯的简单错误居多，她认为程序员的工作态度有问题。）

她今天提到的几个项目大多是我做的。我承认编程时确实是不够细心。但是我对待工作的态度是端正的。这一个多月以来，我每天加班到晚上 10 点钟，第二天一早 9 点钟还要打卡上班。虽然这个新产品给了半年的时间，但是真正到我们具体的人手上，只有一个来月，刘英让我们"五一"以前交货，我们程序员和王强（主管研发的副总经理）都知道这是个很难完成的任务。

刘英是做技术支持出身的，她根本不了解程序员的工作模式。她知道做软件测试需要很多的时间，所以她给技术支持人员留了两个月的时间来做测试，给我们做程序的只留了一个月的时间。这种时间上的分配本来就不合理，我除了慌张地赶活，根本没有时间自己先做个测试，这样问题肯定就会很多。

而且刘英每次开大会的时候，都要抓住我来批评。我觉得长久下去，都成习惯了。反正我要在上海找份新工作又不是很难，犯不着在这里受气。

王强（李维的直接主管，分公司主管程序开发的副总经理）：

虽然刘英今天在会上的措辞是有些激烈，不过我觉得李维的反应太强烈了。其实刘英只是随手挑了几个单子查，只是被挑到的问题刚好都是李维的。刘英一向对项目的要求很高，所以李维挨批首当其冲了。

刘英做技术支持很厉害，但她不是很了解程序员的工作，我也没有很好的机会和她谈这些。我认为李维很聪明，有潜力成为公司最好的程序员之一。但是他也存在一些问题，比如上班总是迟到、做项目不细心，所以刘英会认为他工作的态度不认真。如果李维走了，公司内部很难找到合适的人来替他，若招了新的程序员，又要给新人做培训，而且新人能否留下来也是不确定的。但是公司几乎不挽留任何一个主动辞职的员工，我估计公司是不会挽留他的。

吴杰（程序员，和李维一起承担着新产品的程序开发）：

今天刘英的批评是挺激烈的，如果换成我，都有想走的心。我们这段时间工作压力是很大，上面又只给一个月的时间开发这么庞大的项目。如果李维真的走了，我们剩下来人就要被压死了。不过李维也是有点儿小孩子气了，领导批评是常事。我觉得他有些想法不应该憋着，应该说出来。但愿他别走吧，怎么着也要把手头这个项目做完了呀，不然找谁来替他啊。

徐远（公司的技术支持，负责对李维前面的几个项目做测试）：

从个人角度来看，我挺不愿意李维走的。他为人不错，好相处。不过他确实有些粗心，编的程序错误率比较高，这样一来我们做测试就得花上好几倍的时间来弥补这些错误，难怪刘英今天发火了。

我还是觉得他有点儿冲动。打工，谁没挨过批评啊？而且现在任务多，其他人又都接不上他的活。他走了，公司整个项目就被撂起来了。虽然说是刘英可能代表了公司对你的一些看法，但是还要考虑到其他的同事啊！

刘英（总经理）：

这么点儿事，他就想辞职。今天我是批评了他，言语是有些激烈。但我是对事不对人的。我知道他可能不好受，会后，我又找他单独谈，可是他一言不发，低着头。我真的也不知道怎么办了。

其实我也是刚刚接手做总经理，以前在深圳我只是负责技术支持，并没有直接管理过程序员。在我看来他们不会轻易表达自己的想法。而王强总体来说也是很内敛的一个人。我平时有很多的工作，每天一早我就开始做事，等到做完手中的事，他们差不多也都下班了，我根本没有更多的时间和这些程序员沟通交流。

我在很大程度上也是受到总公司限制的，比如这次新产品开发，时间上我只能在自己的能力范围内做调整，总公司给我的压力很大。这边做得不好，责任都是我的。如果李维真的选择离开公司，他也有些冲动了。现在项目这么紧，再安排其他人来顶替他，真的很困难。

林彤了解这些情况后，决定分别再找李维、王强、刘英几位沟通，并解决好这个棘手的问题。

（资料来源：2012年12月23日《创业家》杂志，本书有删改。）

▶▶请思考：

（1）问题产生的原因是什么？

（2）最大的责任人或部门是谁？

（3）如果你是林彤，为了解决问题，你将如何同他们去沟通？请设计沟通顺序，在沟通方式、内容上应该注意哪些？

围绕着三个思考题，我们来进行分析。首先，我们分析一下问题产生的原因是什么？这是一个典型的沟通冲突问题，在沟通渠道、沟通程序和沟通技巧上都存在问题。

从沟通渠道方面来看，纵向和横向沟通的渠道都有问题。从纵向渠道看，总经理刘英并不完全了解程序员的实际表现和工作情况，程序员李维对于自己在总经理刘英心目中的真实评价，也并不是完全了解。从横向渠道看，技术支持部门与程序开发部门沟通不够，两个部门之间相互指责。因此说，公司在纵向和横向沟通的渠道上都是不畅通的。

从沟通技巧和程序方面来看，在项目最关键时刻应以正面鼓励为主，然而，总经理刘英在项目最关键时刻指责关键性员工，这是管理大忌，往往会使管理者陷入类似案例中李维提出辞职不干的这种被动地位。此外，对于不同性格的员工，管理者在沟通方式上要因人而异，总经理刘英没有针对李维的性格特点，采取合适的沟通方式。从沟通程序来看，总经理刘英直接批评一线员工李维，这是一种越级指挥的表现，正常情况下，她应该是批评直接下级——副总经理王强。当然，公司在人才培养、组织结构设计等方面也存在一些问题，关于这方面的问题，我们将会在本书的网络平台互动讨论区与大家一起讨论。

其次，我们分析一下最大的责任人是谁？我们认为是王强。前面我们谈到，问题产生的根本原因是横向纵向沟通都有问题，导致这些问题的关键节点人物就是王强。表面上看，这是刘英与李维之间的冲突，但是导致这个冲突的根本原因是王强的工作缺失。

现在，我们来看一下，要怎么解决这个棘手的问题呢？解决问题之前，我们首先必须明确解决问题的出发点和方向，也就是说：留不留下李维？留不留一个人，必须看他是不是符合公司利益。我们认为，留下李维，这是符合公司当前利益的，因为李维一旦离开，项目就有可能中止，同时也是符合公司长远利益，因为李维有希望成为公司最优秀的程序员之一。

如何去解决这个问题呢？在沟通顺序上，先找上级，还是先找下级？沟通中有一个最基本原则：了解情况一定是从下到上，解决问题则一定是从上到下。从案例材料可以看到，在第一轮了解情况的过程中，林彤是"从下到上"，先找普通员工，再找副总经理，最后找的是总经理。现在这一轮，不再是了解情况，而是要解决问题，正确的沟通顺序应该是"从上到下"，也就是先找上级，再找下级。

我给出的沟通方案，一共有四个步骤。

第一步：林彤先找王强。为什么要先找王强？原因有两点，第一，王强是公司的副总经理，也是李维的直接上级，最了解李维情况，对于李维值不值得留，王强最有发言权；第二，王强不是局外人，在这件事情上负有主要责任。与王强的沟通方式是：以下级向上级请示汇报的态度为主，以共同探讨解决方案的态度为辅。

沟通的内容及目的主要有：（1）听取王总关于李维值不值得留的意见，明确下一步解决问题的方向；（2）林彤主动承揽责任，检讨自己作为人事主管应负的责任，并通过这种委婉的方式，让王强也能够意识到他在这件事情上不是局外人,应该是负有责任的;(3)让王强意识到,如果这个问题不解决,那么王强的工作会陷入被动状态;(4)说服王强,一同去找总经理刘英,说服刘英能够留下李维。

第二步:林彤和王强一起找刘英。这么做的原因是,刘英是总经理,对于李维能否留下,刘英拥有决定权,同时林彤作为刘英的下级,必须了解上级的态度,才能够决定下一步该怎么做,也就是留不留下李维。沟通方式是:以下级向上级请示汇报的态度为主,以共同探讨解决方案的态度为辅。

沟通的内容及目的主要有:(1)介绍李维工作情况及其辞职可能给项目带来的不良后果;(2)林彤检讨自己作为人事主管应负的责任;(3)王强检讨自己作为负责人的责任及沟通上的不足;(4)向刘英提出解决问题的建议,尽管按照公司惯例,不挽留主动辞职员工,但是目前项目处于关键时刻,作为特殊情况下特例,建议刘英留下李维。

第三步:林彤安排李维的好朋友徐远、吴杰,做做李维的工作,为林彤下一步去劝说李维留下做好铺垫。

第四步:林彤找李维。在充分了解了上级意见和李维情况后,林彤就可以有目的、有针对性地找李维谈话。

沟通的方式是:以朋友身份共同探讨解决方案的态度为主,以人事主管同普通员工沟通的态度为辅。

沟通的内容的主要有:(1)林彤检讨自己作为人事主管应负的责任;(2)充分肯定李维的工作及同事、领导对其工作的良好印象,让李维知道公司需要他这样优秀的员工,使李维对公司产生比较强的归属感,让李维舒心,也让他有信心继续待在公司;(3)客观地指出李维的一些不足,以朋友的身份指出李维提出辞职,是一种不理智、不成熟的处理方式,不仅可能给项目带来不良后果,更重要的是会给他个人在行业内的声誉带来影响,影响他个人未来职业的发展。

林彤找李维沟通的目的主要有两个方面:第一,让李维能认识到自己的不足。第二,说服李维主动收回辞职书。当然,在项目结束后,建议刘英、王强、林彤与李维要在一起沟通一次,以避免今后出现类似的冲突。

通过这个案例分析,我们要进一步认识到,沟通很重要!为了使组织更好地运行,我们一定要掌握高效沟通的技巧,不同的沟通方式方法以及沟通的艺术,都可能会对组织产生不同的影响。

核心要点

沟通冲突问题,包括了在沟通渠道、沟通程序和沟通技巧上等方面所引发的问题。

不同的沟通方式方法以及沟通的艺术,都可能会对组织产生不同的影响。

学以致用:小王和小张为什么变成了冤家?

王荣是一家公司设计部的员工,为人随和,和同事们相处十分融洽。最近一段时间,由于公司工作任务的安排,他与同部门的张平要共同设计完成一个设计方案。但是在共同的工作中,他们的观点经常存在差异,还时不时地发生争吵。慢慢地,王荣发现,张平总是针对他找碴儿,有时故意在外面说他设计差、没创意等。王荣很难受。起初,王荣觉得都是一起共事的同事,设计理念有差别很正常,忍一下就过去了。但是他发现张平越来越过分,竟然开始在外面诋毁他的人品。王荣一气之下就告到了总经理那儿。总经理把张平批评了一通,从此,王荣和张平成了绝对的冤家了。

▶▶**请思考:**小王和小张变成了冤家,你认为问题出在哪里了?

第 5 章

第四项修炼：人员配备、有效激励

本·章·概·览

5.1 如何招聘到"好员工"？

5.2 激发员工的工作潜能

5.3 准确了解员工的需求

5.4 把握激励过程很重要

5.5 善用不同的强化方式

5.1 如何招聘到"好员工"?

如何招聘到"好员工"?

> **困惑与思考：王兵值得总结的地方有哪些？**
>
> 王兵是一家公司人力资源部的经理，公司年初招聘了几名财务人员。面试过程中，这几位应聘者表现都很不错。试用期间，几个人的工作能力也都值得认可。可是试用期满之后，他发现这几名财务人员的工作态度并不积极。
>
> 财务部门在月底和月初工作量很大，需要经常加班，可是这几名财务人员却不太愿意加班，如果加班了就马上要求调休，虽然公司允许加班后调休，但是在任务比较紧的时候，还是希望员工能以工作为重，在任务空闲时期再休息。
>
> 王兵认为自己在招聘过程中考察不到位，没有招聘到符合公司要求的"好员工"。
>
> ▶▶ **请思考**：王兵在招聘过程中有哪些值得总结的地方？

招聘，就是要在合适的时间为企业相关岗位选到合适的人员。招聘对于任何一个组织而言，都是人力资源输入的主要路径，也是人力资源管理"选、用、育、留、出"五大职能之首，决定着公司人才的"输入"关。招聘效果的好坏以及招聘工作的效率直接影响到公司各个业务环节、决策能否顺利地进行。

如何招聘到符合公司要求的"好员工"？一个"好员工"，不仅仅是要有一定的工作能力，同时也要有好的工作态度，在员工招聘过程中，对于态度和能力的考核是同等重要的。

首先，"工作能力"是员工招聘过程中必须重点考察的一个因素。"有能力"的标准就是员工能够在其岗位上产生绩效，为公司创造价值。

因此，在招聘过程中，为了挑选到"有能力"的员工，应该明确所招聘的员工到底需要什么样的任职资格、胜任力和素质等。这需要在招聘之前与各部门负责人做好沟通，详细了解招聘岗位所要求的能力标准和关键要素，招聘时要根据这些要求和关键要素来进行选择。如果招聘需求不明确，就可能导致所招聘到的人员，上岗后无法为企业创造绩效。

同大家分享一个案例，有一次，甲、乙两个公司的老总在一起聊天，甲公司老总说："我们公司有三个员工实在让我受不了，我准备开除他们。"乙公司老总问："他们有什么毛病让你不能忍受？"甲公司老总说："一个员工喜欢吹毛求疵，看什么都觉得有毛病；另一个员工整天愁眉苦脸、杞人忧天；还有一个员工游手好闲，喜欢四处跑。"听了甲公司老总的话，乙公司老总说："你让这三个人到我的公司上班吧。"这三个人到了乙公司后，在自己的工作岗位上都做得非常出色，都被认为是"有能力"的员工。原来乙公司的老总让喜欢吹毛求疵的人负责公司产品的质检，让杞人忧天的人负责保卫工作，让游手好闲的人负责外联和销售，这恰好都是三个人喜欢做的事情。乙公司的老总将应聘员工的优势特长与合适的岗位对应起来，从而准确地录用到了"有能力"的人。从这个案例中我们可以看到，"人岗匹配"是使员工成为"有能力"员工的前提和基础，在一个岗位"有能力"的人，在另一个岗位不一定也能够成为"有能力"的人。

其次，"工作态度"是员工招聘过程中必须重点考察的另一个因素。好的"工作态度"往往体现在责任心、积极性和上进心等方面。"工作态度"是比较抽象的素质概念，要判断出应聘者的"工作态度"情况，就需要讲究方法技巧，要从一些细节入手，通过对应聘者处事态度的分析，为工作态度的判断提供依据。因此，招聘过程中对员工"工作态度"的考察可以从以下几个方面进行：

第一，重视背景调查。"背景调查"是一种比较客观的对应聘者工作态度考察的方式。员工的工作态度与很多因素有关，比如文化、家庭、社交，等等，因此，背景调查是必要的，背景调查的内容可以是直接询问应聘者上一份工作中的日常工作表现，是否有奖惩记录、个人性格等方面的情况。

第二，把握好"面试的提问环节"。在面试过程中，可以询问应聘者以往工作中产生成就感和挫败感的实例，在上一份工作中自己有什么优势与不足，为自己在上一个团队中的工作表现打分等。由此，可以判断应聘者对工作上成功与失败的态度、对工作中挑战和困难的态度，等等。

美国有一家保险公司，招聘了5000名推销员，并对他们进行了为期一个月的推销技能培训，人均支出培训费用约3万美元。可是，一年后竟有一半人跳槽，大部分员工跳槽是因为他们在上门推销保险过程中，一次又一次地被拒之门外，感到十分尴尬，内心受挫。在管理咨询专家的建议下，公司决定在招聘环节设置"乐观测试"。结果发现，在招聘环节"乐观测试"中取得高分的员工，入职后的工作业绩比其他人普遍出色，而那些在"乐观测试"中只获得了低分的"悲观主义者"却业绩平平，甚至不久就离开了公司。"乐观测试法"有助于我们挑选到一些积极态度的员工。

因此，组织想要把符合职位要求的人员遴选出来，需要在招聘过程中同时考虑应聘人员的"工作能力"和"工作态度"，选拔出"好员工"为组织的发展提供高质量的人员保障。

让我们回到本节开篇的"困惑与思考"，这家公司在招聘过程中，简单地将"好员工"等同于"有能力"，忽视了"好员工"的另外一个方面："工作态度"，王兵作为人力资源部经理，应在招聘环节加强对员工"工作态度"的考察，通过对应聘者处事态度的分析，来判断员工的"工作态度"。例如，可以适当描述一些加班的"残酷"事实，比如经常要加班，并且经常会加班到很晚，等等，观察应聘者是如何回应的。这样，我们可以通过应聘者的回答来判断出他对待工作的态度，是否符合公司的要求。

核心要点

招聘就是要在合适的时间为企业相关岗位选到合适的人员。

"人岗匹配"是使员工成为"有能力"员工的前提和基础,在一个岗位"有能力"的人,在另一个岗位不一定也能够成为"有能力"的人。

要招聘到"好员工",必须对应聘人员的"工作态度"和"工作能力"进行双重考察。

学以致用:你会选择哪一位应聘者?

有甲、乙两位应聘人选供你挑选:

甲的工作能力差,但是工作态度好;乙的工作能力强,但是工作态度差。

▶▶**请思考**:你会选择哪一位?为什么?

5.2 激发员工的工作潜能

激发员工的
工作潜能

困惑与思考:奖金发多了,会惯坏员工吗?

很多公司老板说起"员工激励"都是一肚子的委屈:"老板真不好干,批评几句员工,员工就要走人;发再多的奖金,也只能维持几天,根本达不到预期的效果。奖金发多了,反倒把员工惯坏了。"

▶▶**请思考**:奖金发得多,会将员工惯坏吗?

现代管理学之父彼得·德鲁克(Peter F. Drucker)认为:"对于任何组织而言,伟大的关键在于寻找人的潜能并花时间开发潜能。"哈佛大学威廉·詹姆斯(William James)教授的研究也发现,一般意义的按时计酬分配制度仅仅只能让员工发挥20%~30%的能力,如果实施了有效

的激励，员工就可以发挥出80%~90%的能力。由此可见，通过有效的激励，可以充分激发人的内在潜力，促使员工将组织目标转化为个人目标，由消极的"要我做"，转化为积极的"我要做"。

激励就是运用各种方法去有效地调动员工的工作积极性和创造性，使员工努力地完成组织的任务，以便更好地实现组织的目标。管理者通过激励可以激发人的内在潜力，充分发挥人们的积极性和创造性。从组织的角度看，当员工受到激励时，通常表现出以下三个特点：（1）努力，如果受到激励，员工就会更加尽心尽职，努力工作。（2）持久，员工受到的激励越大，则工作的持久性越强。（3）关注组织目标，如果员工受到高度激励，他不仅会工作更努力、更持久，而且会把持久努力与组织目标紧密连接在一起。

激励的过程就是领导者引导并促进工作群体或个人产生有利于组织目标行为的过程。这个过程极其复杂，涉及许多因素。从心理学的角度来看，激励的过程基于人的行为产生的三个步骤：未满足的需求、动机、行为，如图5-1所示。

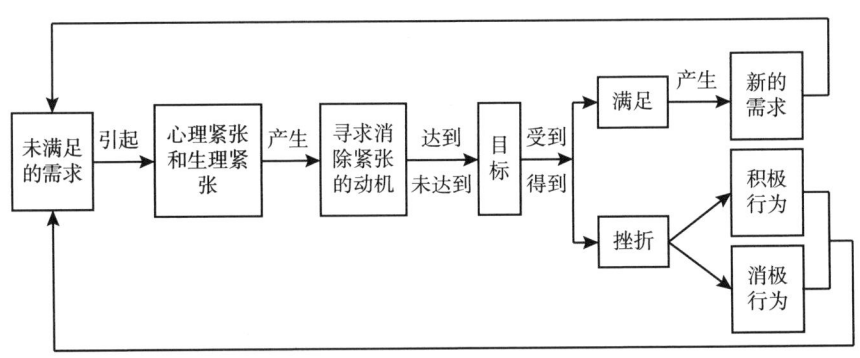

图5-1　激励过程的基本模式

资料来源：作者整理。

需求是一切激励活动的出发点，人们内心存在着未满足的需求，这是人们的一种主观体验，是人体内部的一种不平衡状态。它有三个来源：一是生理需求，如饥饿引起的对食物的需求；二是外部影响诱发的需求，如新产品引起的购买要求；三是心理活动引起的需求，如你要成为优秀的管理者而产生的学习管理知识的需求。动机是在需求的基础上产生的。当人的某种需求没有得到满足时，就会产生满足这种需求的行为动机。行为是人们内在需求与动机的外在表现，某种需求没有满足，激发了要满足这种需求的动机后，就会付诸行动并产生相关的行为。需求是动机产生的基础，动机是行为的驱动力。动机的目标又是为了满足需求，这三者之间的关系体现了激励产生的基本原理。

基于人的行为产生的三个步骤，不同的学者站在不同的角度提出了内容型激励理论、过程型激励理论、行为改造型激励理论这三种不同类型的激励理论。

（1）内容型激励理论。有一类学者认为，由于未满足的需要是行为产生的源头，那么，要激励和影响一个人的行为，最关键的就是要弄清楚人们需要的内容是什么？这一类学者从这个角度出发，提出了内容型激励理论，如马斯洛需要层次理论、奥德弗的"ERG"理论、赫茨伯格的双因素理论，等等。

（2）过程型激励理论。有一类学者认为，相同的需要不一定会带来相同的行为，比如张三和李四都需要钱，具有完全相同的需要，但是他们的行为选择可能不一样，张三可能选择了向父母伸手要钱，而李四则选择了努力工作来获取报酬。这一类学者同时还发现，相同的行为也不一定来自相同的需要。例如，张三和李四都在努力工作，具有完全相同的行为，然而他们需求的内容可能不一样，张三努力工作可能是为了赚钱，而李四努力工作，则可能是为了展示自我价值。因此，这一类学者认为，激励最为关键的是要搞清楚从需要到行为产生的过程中，将会受到哪些因素的影响？管理者在这个过程中应该注意些什么？这一类学者从这个角度出发，提出了过程型激励理论，如弗鲁姆的期望理论、亚当斯的公平理论，等等。

（3）行为改造型激励理论。有一类学者认为，人们需要的内容是非常复杂的,从需要到行为产生的过程也是很复杂的。想要搞清楚这些,非常困难,也没有必要。他们认为激励最为关键的,就是要针对人们不同的行为结果,采取不同的强化措施,如果员工行为的结果与组织目标是一致的,就对这种行为进行正强化;如果员工行为结果跟组织目标是不一致的,就对这种行为进行负强化。这一类学者从这个角度出发,提出了行为改造型激励理论,如斯金纳的强化理论等。

现代管理实践告诉我们,内容型激励理论、过程型激励理论和行为改造型激励理论这三种不同类型的激励理论,都有着十分重要的意义。美国学者波特和劳勒（L W Porter & E Lawler）认为,有效的激励应该是综合运用这三类激励理论,管理者既要准确把握员工需要的内容,也要注重激励过程中的艺术与技巧,同时也要对员工不同的行为采取不同的强化措施。为此,波特和劳勒提出了综合激励模式,如图5-2所示。

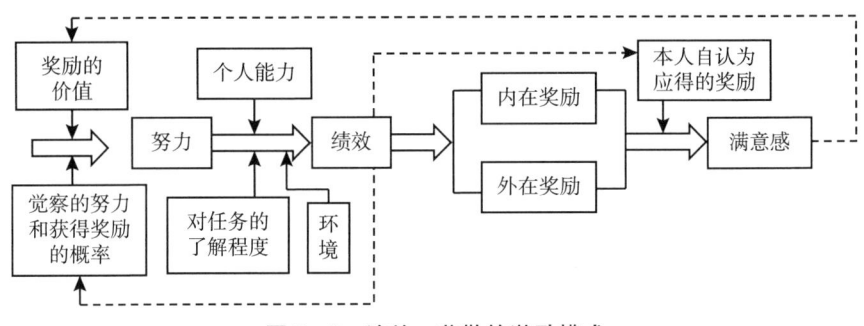

图 5-2　波特-劳勒的激励模式

资料来源：作者整理。

波特和劳勒的综合激励模式,对于现代管理实践有着很好的指导意义,有效的激励需要做好以下几个方面的工作：

首先,管理者在设定工作目标的报酬时,一定要与员工的主导需要相适应。如果管理者设置的目标报酬是员工不感兴趣的,对员工就没有吸引力,那就无法激发员工对工作成果的期望,从而也无法激励员工的积极性和主动性。

其次，管理者在设定工作目标时，一定要正确估计员工实现目标的现有能力和条件，应该是大多数员工通过努力能够达到的工作目标。如果管理者设定的目标太高，员工经过努力也没有办法去实现，那么即使目标的报酬和奖励很有吸引力，也是无法激发员工的工作积极性和主动性，甚至有可能打击员工的积极性。

最后，管理者要及时针对员工的不同行为结果，给予不同的强化，奖励或惩罚要与员工的绩效直接相联系，这样员工才会拥有公平感，才有可能使激励达到理想的效果。

让我们回到本节开篇的"困惑与思考"，在这个案例中，不是因为奖金发得多，将员工惯坏了，而是因为没有注重激励过程中的艺术与技巧，没有综合运用各种激励方式对员工进行激励。这个案例涉及了"如何有效激励"的问题，企业仅仅依靠"发奖金"这种物质激励方式，是不能带来持续激励效果的。如果管理者仅仅只会应用物质激励的手段调动员工的积极性，那是管理水平非常低下的一种表现，因为任何物质激励，都是受到公司相关物质条件制约的，并且不具有可持续性。高水平的管理者，往往能够通过物质激励以外的方式，去调动员工的积极性，这是高超管理艺术与技巧的一种体现。

核心要点

激励就是运用各种方法去有效地调动员工的工作积极性和创造性，使员工努力地完成组织的任务，以便更好地实现组织的目标。

基于人的行为产生的三个步骤，不同的学者站在不同的角度提出了不同类型的激励理论：内容型激励理论、过程型激励理论、行为改造型激励理论。

波特-劳勒的综合激励模式认为，管理者既要准确把握员工需要的内容，也要注重激励过程中的艺术与技巧，同时也要对员工不同的行为采取不同的强化措施。

> **学以致用:"祖母规矩"有什么启示?**
>
> 　　在美国民间,广为流传着一条古老的"祖母规矩":"你必须先吃完胡萝卜,才能吃甜点"。也就是要求孩子们,每天要先完成他们不喜欢但是必须完成的事情,再奖励他们去做那些他们喜欢做的事情。
>
> ▶▶ **请思考:**"祖母规矩"对于有效激励员工的潜能有什么启示?

5.3　准确了解员工的需求

> **困惑与思考:为什么员工士气并不高?**
>
> 　　江涛是一家民营企业的总经理,与所在地区和同行业相比,公司的薪酬和福利都处于中上水平。江涛感到满意的是,公司员工流失率很低,但是,他也明显地感觉到,公司员工的工作士气并不高。
>
> ▶▶ **请思考:**为什么该公司员工流失率很低,但是工作士气并不高?

(上)

(下)

准确了解员工的需求

　　准确了解员工的需要,这是管理者对员工的工作行为进行有效激励的前提。人们之所以会产生一定行为的动机并采取一定的行为,就是由于人们存在尚未满足的需要。我们来介绍有影响的几种内容型激励理论。

　　美国心理学家马斯洛(Abraham Maslow)于20世纪40年代提出了需要层次理论,他突破了经典理论家在解释激励及受激行为时所采用的单一需求理论,其基本思想有几点:

　　(1)人有五种需要:生理需要、安全需要、社交需要、尊重需要和自我实现需要。这五种需要相互关联,可以排成一个需要等级,如图5-3所示。其中,生理需要是指维持人生存的需要,包括人的衣、食、住、行等方面的需要，它是人的最起码、最根本的需要；安全需要包括人身安全、财产安全和职业的稳定等方面的需要；社交需要是人们感情上的需要，是人们对于爱、归属、友谊等方面的需要；尊重需要就是自尊和受人尊重的需要。人们都希望得到名誉、地位和声望，都希望自己有存在的价值；自我实现的需要是指实现个人理想、抱负，发挥个人能力的需要。

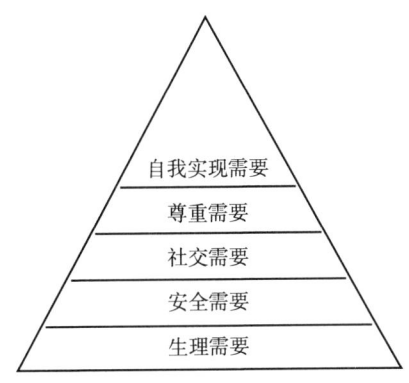

图 5-3 马斯洛需求层次

资料来源：作者整理。

（2）人们的五种需要通常是同时存在的，但是强度不一样，其中存在着一种主导需要。某个时候以生理需要为主，某个时候以自我实现的需要为主，这种主导需要是促使人们产生某种行为的基础，是人们行为产生的主要驱动力，一个人做还是不做一件事情，其动力大小主要取决于主导需要。

（3）在五种需要中，只有当低一层次的需要得到相对满足时，高一层次的需要才能成为主导需要。只有没有得到满足的需要才有可能成为主导需要，才会产生很好的激励作用。因此，需要层次理论运用的一个关键点，就是要把握主导需要。由于不同的员工有不同的主导需要，员工在不同阶段也有不同的主导需要，需要管理者准确地把握员工的主导需要是什么，然后再进行相应的激励，才会产生好的激励效果。

耶鲁大学克莱顿·奥尔德弗（Clayton Alderfer）在马斯洛的需要层次论基础上，提出了 ERG 理论。奥尔德弗认为人们有三种核心需要：生存（Existence）、相互关系（Relatedness）和成长（Growth），称之为 ERG 理论。第一种为生存需要，涉及满足我们基本的物质生存需要，包括马斯洛需要层次理论中的生理需要和安全需要。第二种为相互关系需要，即维持重要的人际关系的需要，包括马斯洛需要层次理论中的社交需要和自尊需要中的外在部分。第三种为成长需要，即个人发展的内部需要，包括马斯洛需要层次理论中的自尊需要中的内在部分以及自我实现需要的一些特征。

ERG 理论与马斯洛需要层次理论比较起来，既有相似之处，又有不同之处。其相似之处是：奥尔德弗和马斯洛同样假定需要是有层次的，各种需要一般来说也是由低向高逐级发展的。两者的不同之处体现在：

（1）马斯洛的需要层次是一个严格的阶梯式序列，而 ERG 理论并不认为必须在低层次的需要得到满足后，人们的主导需要才会进入到高层次的需要。例如，一些有事业心的员工，即使较低层次的生理、安全需要没有得到充分满足，他们也可能会非常努力工作，以满足自我实现的需要。

（2）马斯洛需要层次理论认为一个人会滞留在某一特定的需要层次直到这一需要得到满足，ERG 理论却认为，当一个人较高层次的需要不能得到满足时，较低层次需要的强度会增加。例如，无法满足社会交往的需要可能会带来更多的工资或更好的工作条件的需要，所以受挫可以导致倒退至较低层次的需要。

有一家公司的总经理，为了激发一位部门主管的工作积极性，想了很多办法，比如发奖金、公开表彰、安排公费旅游，等等。但是这位部门主管并没有因为获得这些奖励而提高工作积极性。后来，这位总经理抽出时间与这位部门主管进行了沟通。沟通后发现，原来这是一位非常有主见的部门主管，喜欢按自己想法做事。于是，总经理转换思路，对他进行充分的授权,给他广阔、自由的空间去施展才华,从而让这位部门主管的工作积极性有了明显的提升。

无论是需要层次理论还是 EGR 理论,都强调管理者需要考虑人的需要的层次性和多样性,从员工当前尚未满足的主导需要出发,有针对性地对不同员工采取不同的激励措施,这也是内容型激励理论的最基本观点。

接下来,介绍激励—保健因素理论,激励—保健因素理论是由美国心理学家弗雷德里克·赫茨伯格(Frederick Herzberg)于 1959 年提出来的,这种理论通常也称为"双因素理论"。

传统思维认为,"满意"的对立面是"不满意",只要消除了员工的"不满意",那么员工就会产生"满意",例如,当员工对于工作条件"不满意"时,只要改善了工作条件,就一定会让员工产生"满意感"。

赫茨伯格的研究却发现,"满意"的对立面并不是"不满意",消除了员工的"不满意",不一定就会产生"满意"。赫茨伯格曾经做过这样一项调查:人们从工作中想得到什么?赫茨伯格发现,当被调查者对工作满意时,他们通常倾向于归结为一些内在性因素,如工作富有成就感、工作成绩得到认可、责任大小、晋升、成长等。当被调查者对工作不满意时,他们倾向于抱怨一些外部性因素,如公司政策及行政管理、监督者、与主管的关系和工作条件等。基于他的调查,赫茨伯格将影响员工积极性的因素分为两个方面:保健因素和激励因素,如图 5-4 所示。

(1)保健因素,通俗的理解就是员工认为公司理所当然应该满足的一些因素,如果这些因素没有得到满足,员工就会产生不满意的情绪,进而对工作绩效产生负面影响。那么这些因素得到满足后是不是就会让员工产生满意感,促进工作绩效呢?并非如此!满足员工的保健因素仅仅只会让员工"没有不满意",并不会进一步让员工产生"满意感"。就像保健、锻炼同人的身体健康之间的关系,缺乏必要的保健和锻炼,人的身体健康会受到影响,但如果有了病,保健和锻炼是达不到治病的效果的，因此，可以将该类因素形象地称为"保健因素"。

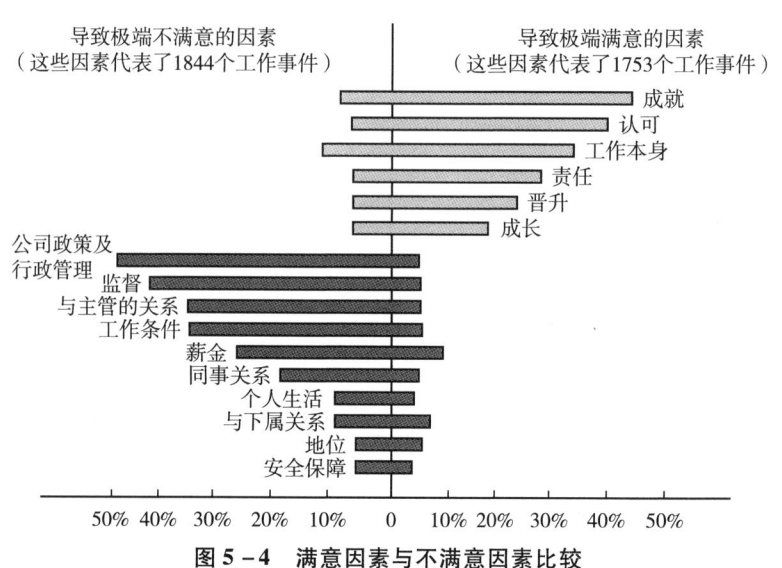

图 5-4 满意因素与不满意因素比较

资料来源：[美] 斯蒂芬·P. 罗宾斯. 管理学：原理与实践（原书第 10 版）[M]. 北京：机械工业出版社，2019.

（2）激励因素，通俗来说，这些因素并不是员工认为企业理所应当提供的，但是，如果这些因素没有得到满足，员工不会产生"满意感"，如果这些因素得到满足，员工就会因此对公司、对工作产生满意感，从而在工作中表现出更高的积极性。

在一个公司中，哪些方面的因素是保健因素？哪些是激励因素呢？保健因素是属于"工作条件和工作环境"方面的外部性因素，包括公司政策、管理措施、监督、人际关系、工作条件、薪金福利，等等；激励因素则属于"工作性质和工作本身"方面的内在性因素，包括工作中的成就感、工作中的认可和赞赏、工作的挑战感、个人成长、晋升的机会，等等。

不难看出，赫茨伯格提出的双因素理论与马斯洛的需要层次理论是有密切联系的。保健因素中的工资、工作条件等相当于生理需要和安全需要，监督方式、同事关系等属于社交需要，而激励因素中的他人的认可和提升等属于尊重的需要，发展个人的能力和兴趣以及工作成就等则属于自我实现的需要。可见，赫茨伯格同马斯洛一样，都是用需要说明人的行为，不同的只是赫茨伯格更重视高层次的需要，认为只有它们才能对员工起激励作用。同时，他又把员工的需要同工作和工作环境联系起来，指出满足需要的各种具体目标，从而把满足员工需要的内容更加具体化了。

有这样一家公司，老板发现，多数员工每天都只是混日子，一点工作积极性都没有，公司的绩效连连下滑。为此，老板撤掉了总经理，并重新聘请了新的总经理，新任总经理到公司后，他首先发现公司有很长时间没给员工加薪了，办公设备也很长时间没有更新。于是他给所有员工都加了薪，并且更换了办公设备。可是员工高兴了一阵子，又回到老样子，工作积极性一点儿都没有提高。这位总经理进一步找员工沟通，很多员工都表示："自己提的意见，领导根本不重视，做出的成绩也得不到公司的表扬，工作很没有成就感"。在了解员工这些想法后，这位总经理马上宣布：鼓励员工向公司提建议，只要建议被采纳，公司将进行通报表扬，并给予相应奖励，员工做出了成绩，公司给予表彰。这些新的措施实施一段时间后，员工们的积极性有了明显的提高。

由此可见，保健因素是必需的，但是仅仅只有保健因素是不够的，管理者首先需要给员工提供合适的工作环境和工作条件，避免员工产生不满意的情绪。其次，在满足了保健因素的基础上，要通过激励因素进一步发挥好激励的作用，才能使员工创造更好的工作绩效。

让我们回到本节开篇的"困惑与思考"，为什么该公司员工流失率很低，但是工作士气并不高？根据马斯洛需求层次理论，当员工在物质层面的需要得到满足之后，自我实现等高层次的需要会成为主导需要。这一家公司，薪酬福利很好地满足了员工较低层次的生理和安全需求，但是他们并没有注意到，员工的主导需要已经不再是物质层面的需要了，公司并没有在满足员工自我实现等更高层次的需要上采取积极的行为。因此，员工虽然安于现状，但是工作士气并不高。

通常情况下，为了降低人才流失成本，很多公司都会尽力降低公司的员工流失率，希望员工"安于现状"，但是员工"安于现状"并不一定都是好事，应该要具体情况具体分析。员工"安于现状"有两种情况：一种情况是"安于现状，但是工作士气很高"，这是由于公司不仅仅给员工提供了好的薪酬福利，同时也给员工提供了成长的机会。员工不流动，是因为他们认为在公司将会有很好的成长机会。这种"安于现状"，员工流失率低，对于公司的发展是有利的。另一种情况是"安于现状，但是工作士气很低"，这是由于公司给员工虽然提供了好的薪酬福利，但是并没有给员工提供成长的机会。员工不流动是因为生存需求得到满足，安于现状不求发展，做一天和尚撞一天钟，这种"安于现状"，员工流失率虽然低，但是对于组织来说是非常危险的。

核心要点

马斯洛需要层次理论将人的需要分为了生理需要、安全需要、社会需要、尊重需要和自我实现需要，五种需要互相关联，形成了一个需要等级。

马斯洛认为，人们的五种需要通常是同时存在的，但是强度不一样，其中存在着一种主导需要，这种主导需要是人们当前尚未满足的需要，是人们行为的驱动力。

奥尔德弗提出的ERG理论将人的需要分为了生存的需要、相互关系的需要和成长的需要三个层次。ERG理论并不认为必须在低层次的需要得到满足后，人们的主导需要才会进入到高层次的需要。ERG理论认为当一个人较高层次的需要不能得到满足时，较低层次需要的强度会增加。

激励—保健因素理论认为，影响员工积极性的因素有两个方面：保健因素和激励因素。保健因素只能消除不满意，激励因素才具有激励作用。

保健因素是员工认为公司理所当然应该满足的一些因素，如果这些因素没有得到满足，员工就会产生不满意的情绪。

激励因素并不是员工认为公司理所应当满足的。如果激励因素没有得到满足，员工不会产生满意感；如果得到满足，员工就会因此对工作、对公司产生满意感，其工作积极性就会提高。

> **学以致用：如何管理这种类型的年轻员工？**
>
> 王鑫是一家物流公司的经理，有一次他对一位年轻员工说："你最近的绩效很差，我准备给你减工资了。"年轻的员工回答说："我父母每个月给我 2 万块钱，让我来这里消磨时间，我根本不在乎你这点工资。"
>
> 现在很多管理者，面对这种类型的年轻员工都束手无策。
>
> ▶▶ **请思考**：作为管理者，如何去管理这种类型的年轻员工？

5.4 把握激励过程很重要

把握激励
过程很重要

> **困惑与思考：小李以后的工作表现将会怎样？**
>
> 小李年初进入一家外资企业工作，公司实行的是谈判工资，员工工资只有自己知道，对其他人保密。小李对这份工作很满意，工作虽累却挺舒心，一方面公司人际关系和谐；另一方面每月 6000 元的收入也不错。最近，公司承接了一个新项目，领导说项目完成得好有一定的绩效奖金。小李积极报名参加了这个项目，经常加班加点，努力完成工作。第二个月小李收到了 7500 元的工资，小李感觉很开心。
>
> 有一天小李与同时进入公司的小秦一起吃饭，两人聊天时小秦无意说到自己的月工资 7500 元，可是小秦并没有参与任何项目，猛然间小李感到非常不公平。
>
> ▶▶ **请思考**：为什么小李感到不公平，他以后的工作表现将会怎样？

期望理论是由心理学家和行为科学家维克托·弗鲁姆（Victor H. Vroom）于1964年提出来的。期望理论认为，调动人们积极性的任何方式，其作用的大小，取决于目标效价（期望价）与实现目标的期望值二者的乘积，用公式表示就是：$F = V \times E$，其中F表示激励力度，E表示期望值，V表示目标效价。

"期望值"是指个人根据以往的经验，对某一行为达成目标的可能性大小的估计和判断，如果估计通过努力，能够达成目标，期望值就高。否则，这个期望值就很低。这是一种主观判断的可能性，不同的人对同样工作完成可能性的判断是不一样的。同样一件工作，有的人觉得这件事对他来说很简单，很轻松就可以完成，那么他的这个期望值就很大；而对于另外一个人，他可能觉得对于他来说，完成的可能性比较低，那么他的这个期望值就很低。

"目标效价"是个人对于目标实现后，所能够获得的相应报酬的价值大小。效价同样是一种的主观判断，同样的报酬，对于某个人可能有很大的吸引力，具有很高的效价，但对于另外一个人，可能就没有什么吸引力，效价并不高。

可以看出：当个人实现某项目标的效价高，而且对实现此目标的期望概率也高时，则其实现此项目标的激励力就大；只要影响激励力的两项因素即期望价和期望值中任何一项的值很低时，则其实现目标的激励力就不会大；如果两项因素中的一项的值为0，则另一项因素的值无论怎样大，也不会产生激励力。可见，为对员工产生较高的激励力，就必须设法使其对目标的效价和期望值都高。

弗鲁姆的期望理论有助于分析员工个人的激励过程，通过这样的分析便可以帮助管理者有针对性地采取措施，根据员工的不同需要和实现目标的不同能力设立不同的激励诱因，使之对员工的激励更有效。

公平理论是由美国心理学家约翰·斯塔希·亚当斯（John Stacey Adams）于1965年提出来的。公平理论认为，员工工作的积极性不仅受绝对报酬的影响，更重要的是受相对报酬的影响。人们都有一种将自己的投入和所得与他人的投入和所得进行横向比较的倾向。也有将自己现在付出的劳动和所得的报酬，与自己过去所付出的劳动和所得到的报酬进行纵向比较的倾向。其中，投入主要包括工龄、所受的教育和训练、经验和技能、资历、对工作态度等方面，报酬即所得包括工资水平、机会、奖励、表扬、提升、地位以及其他报酬。比较的结果有三种，如表5-1所示：

表5-1　　　　　　　　　公平理论的三种比较结果

比率比较	结果
$O_a/I_a < O_b/I_b$	由于报酬过低产生的不公平
$O_a/I_a = O_b/I_b$	公平
$O_a/I_a > O_b/I_b$	由于报酬过高产生的不公平

资料来源：作者整理。

其中 O_a 表示自己对所得报酬的感觉；O_b 表示自己对别人所得报酬的感觉；I_a 表示自己对所投入量的感觉；I_b 表示自己对他人所投入量的感觉。

第一种情况是认为自己的比值或现在的比值，比别人或过去要低，员工就会认为这是不公平的，会有一种吃亏的感觉；

第二种情况是认为自己的比值或现在的比值，同别人或过去的比值相当，员工就会认为这是公平的，此时员工的心理就是平衡的；

第三种情况是认为自己的比值或现在的比值，比别人或过去的比值大，这也是不公平的，这个时候员工心里会有短暂的负疚感，并有可能影响到其他人的工作积极性。

只有当员工觉得自己受到公平待遇时，他才可能会因此而保持工作的积极性。而当员工产生不公平的感觉时，员工就会采取一些消极的方式来改变不公平，例如，要求增加报酬从而提高 O_a、减少自己的投入、辞职等。

公平理论在管理工作中可以得到多方面的应用。有一位艺术家为了安静地创作，特意在郊区购买了一栋平房，平房前面有一棵大树，居住环境十分好。但是搬进新家后不久，他才发现，原以为安静的平房并不安静，每天小学生放学后，附近的小孩都会聚集到平房前面的大树下大声唱歌，自己的创作思路受到很大影响。如何解决这个问题呢？很多人会提出来，赶跑这些小朋友，或者干脆挪走这棵大树，这些做法并不现实。这位艺术家巧妙地解决了自己的苦恼。他先是告诉这些小朋友，他特别喜欢小朋友唱歌，愿意花钱请他们每天都来唱，第一天他付给了每个小朋友5块钱。第二天他却只付了2块钱。相当一部分小朋友认为非常不公平，觉得自己与昨天是同样的"付出"，回报却变少了，这部分小朋友拒绝唱歌并回家了。到了第三天，艺术家不再付钱了，剩下的小朋友也无法忍受这种"不公平"，都拒绝唱歌并回家了。这位艺术家其实就是运用"公平理论"，当他不再给小朋友付钱时，小朋友会觉得自己认真的"付出"，并没有获得应有的回报，感受到了不公平对待，也就不再过来唱歌了。

亚当斯认为，人们总是倾向于高估自己的投入量，而低估自己的报酬，对别人的投入量及所得报酬的估计则与此相反，因此比较的结果大多是由于感觉报酬过低而产生的不公平。而当员工感觉自己受到了不公平的对待，就会做出一些负面行为，这对组织来讲是消极的，甚至是有害的。因此管理者要努力消除实际工作绩效与报酬之间的不合理性，同时也要采取一定的措施，以引导员工进行正确地比较。例如，有的企业以制度的形式来制止员工进行内部比较，如实行保密工资制等。

让我们回到本节开篇的"困惑与思考"，为什么小李感到不公平，他以后的工作表现将会怎样？很显然，小李将自己的报酬和工作投入的比值与小秦进行比较后，内心产生了不公平感。根据亚当斯的公平理论，小李今后的工作积极性肯定会受到影响，并且很有可能会辞职。由此可见，激励并不取决于绝对值，而取决于你所实施的激励是否公平。

> **核心要点**

期望理论认为，激励力度＝期望值×效价。

公平理论认为，员工工作的积极性不仅受绝对报酬的影响，更重要的是受相对报酬的影响，当员工经过比较觉得自己受到了公平的待遇才会维持积极工作的态度。

> **学以致用：如何看待"谈判工资"？**
>
> 近年来，很多公司都在推行"谈判工资"，即员工个人工资只有本人知道，对其他人保密。
>
> ▶▶**请思考**：如何看待"谈判工资"？

5.5 善用不同的强化方式

善用不同的强化方式

> **困惑与思考：为什么小胡的工作积极性不如以前？**
>
> 小胡毕业后进入了一家互联网公司工作，初入职场的小胡干劲儿十足，不仅每天出色地完成了公司交给的任务，还经常对工作提出自己的一些建议，公司很多同事都觉得小胡今后一定会大有作为。
>
> 最近，小胡又写了一份长篇的建议书发到领导的邮箱，却迟迟没有得到领导的回复。小胡向领导提了一下邮件的事，领导却转移话题不予理睬。
>
> 自此之后，小胡的工作积极性大不如以前了，也不再对自己的工作提出任何想法了。
>
> ▶▶**请思考**：为什么小胡的工作积极性不如以前了？

强化理论是由美国心理学家斯金纳（B. F. Skinner）首先提出的，该理论认为人的行为是对其所获刺激的函数。如果这种刺激对他有利，则这种行为就会重复出现；如果对他不利，则这种行为就会减弱直至消失。因此管理者要善于运用不同的强化方式，以使人们的行为符合组织的目标。强化方式主要有四种：

（1）正强化。当员工的行为有利于组织目标的实现、给组织创造了价值的时候，管理者应及时通过报酬、提升职位等方式，对员工的这种行为进行肯定，就会促使员工再次做出这种有利于组织目标实现的行为。

（2）负强化。预先告知员工某种不符合要求的行为可能引起的不良后果，以使人们采取符合要求的行为或回避不符合要求的行为，从而避免或消除不良后果。通过这种方式能从反面促使人们重复符合要求的行为，达到与正强化同样的目的。

（3）自然消退。自然消退就是对以前采用过正强化的一些行为，取消正强化，不再进行肯定和赞赏，这种行为就会因为长期得不到正强化，而逐渐自然消退，员工就不会再重复这种行为。

（4）惩罚。以某种强制性和威胁性的后果来表示对某种行为的否定，借以消除此种行为重复发生的可能性。惩罚的方式也多种多样，如批评、降职、降薪、解雇等。

要使强化理论达到预期的效果，应该做到以下几点：

第一，要明确强化的目的或目标，明确预期的行为方向，使预期的行为方向同组织的目的或目标一致。同时，强化的目标应尽量明确、具体，使人易于理解，又便于衡量，才能激起人的行为动机，起到强化的作用。

第二，要选准强化物。每个人的需要不同，因而对同一种强化物的反应也各不相同。这就要求具体分析强化对象的情况，针对他们的需要确定强化物。只有如此，才能激起其行为动机，达到强化的目的。

第三，要及时反馈。为了实现强化的目的，就必须通过反馈的作用，使被强化者及时地了解自己的行为后果，并及时兑现相应的报酬或惩罚。如果管理者能做到及时反馈，就会使其下属人员由于行为受到肯定、需要得到满足，从而更加积极地把此种行为坚持下去，或者由于行为受到惩罚从而使此种行为得到制止。

第四，要尽量运用正强化的方式，尽量避免运用惩罚的方式。斯金纳发现，"惩罚不能简单地改变一个人按原来想法去做的念头，至多只有教会他们如何避免惩罚"。事实上，过多地运用惩罚，往往会造成被惩罚者心理上的创伤，引起对抗情绪，甚至采取欺骗、隐瞒等手段来逃避惩罚。但是，有时又必须运用惩罚的方式。为了尽可能避免惩罚所引起的消极作用，应把惩罚同正强化结合起来。在执行惩罚时，应使被惩罚者了解受到惩罚的原因和改正的办法，而当其一旦有所改正时，即应给以正强化，使其符合要求的行为得到巩固。

有这样一家公司，在公司的大厅里装置了一个大铜锣，只要业绩突破 100 万的人，就可以去敲一响，突破 200 万则敲两响，依此类推。该公司的办公室，就是紧临着大厅，只要这个铜锣被敲响，它的声音马上会传入办公室内，也就是告知全办公室内的人，有人的业绩突破了百万大关，当这位敲锣的同仁步入办公室的同时，所有的人都会起立鼓掌，给予他英雄式的欢呼。这家公司的敲锣做法正是采用了正强化来鼓舞员工士气，是一种好的激励方式。

管理中还有条重要法则："南风法则"。有一天，北风和南风来比赛，看谁能让路上行人把身上的大衣脱掉。北风一刮，结果路上行人把大衣裹得更紧了。南风微微一吹，顿时风和日丽，路上行人感觉到有些热，主动脱掉了大衣，南风获得了比赛的胜利。南风法则给我们一个重要启示：温暖可以胜于严寒，管理者要尊重和关心下属，多点人情味，激发他们的积极性。我们说，管理中不反对负激励，但是一定要以正激励为主。

让我们回到本节开篇的"困惑与思考"，这位公司领导的做法是存在问题的。小胡努力工作的行为和态度，应该通过正强化的方式给予及时肯定，这样不仅可以激发小胡更大的工作积极性，还会激励更多的员工向小胡学习。这位公司领导没有对员工的积极行为及时给予"正强化",所应用的方式实际上是一种"自然消退",员工积极工作的行为就会因为长期得不到正强化,而逐渐自然消退,员工就不会再重复这种行为了。

核心要点

强化理论认为,人的行为是对其所获刺激的函数,如果这种刺激对他有利,则这种行为会重复出现;如果对他不利,则这种行为会减弱直至消失。

强化包括正强化、负强化、自然消退和惩罚四种方式。

强化理论在实际运用中要注意:明确强化的目标或目的;要选准强化物;要给予及时的反馈;要尽量运用正强化的方式,尽量避免运用惩罚的方式。

学以致用:这位领导的做法将会带来什么问题?

小李和小王毕业后在一家互联网公司的技术部门工作,小李是个实干型的员工,对工作认真负责,总是默默地埋头苦干;小王则是个善于察言观色的员工,在领导面前很会表现自己,经常讨好领导。一年后,小李的工作业绩完成得非常出色,同事都对他刮目相看,而小王则业绩平平。最近,公司有一个提拔晋升的机会,然而,令大家十分惊讶,获得这个机会的不是小李,而是小王,并且领导让大家向小王学习。

小李由此感到非常失落,而小王却非常得意,说要请领导吃饭,以感谢领导的认可。许多新员工也不甘落后,纷纷想着如何去讨好领导。

▶▶ **请思考:** 应用强化理论分析,这位领导的激励方法将会带来什么问题?

第 6 章

第五项修炼：卓越领导、变革创新

本·章·概·览

6.1 有效领导者的实质

6.2 领导特质是天生的吗？

6.3 如何选择领导风格？

6.4 领导模式讲究权宜因变

6.5 创新与企业家精神

6.6 管理创新的两个新趋势

6.1 有效领导者的实质

有效领导者的实质

> **困惑与思考**："领导"和"管理"有区别吗?
>
> 有人说,领导者总是伸出手掌,挥挥手、招招手、拍拍下属、鼓舞人心,激励员工,让员工充满干劲儿。
>
> 而管理者则经常要伸出一根手指,指东指西,部署工作,具体指出哪一部分的工作没做好,哪一些人还需继续努力,更多的是在指派任务。
>
> ▶▶**请思考**:你是否赞同这个观点?

人们在现实中都是生活在领导和被领导之中。关于"领导"的定义,学者站在不同的角度给出了不同的定义。孔茨(Harold Koontz)认为,领导是促使下属充满信心、满怀热情完成他们任务的艺术;泰瑞(Terry)认为,领导是影响人们自动地为组织目标努力的一种行为;斯多基尔(Ralph Stodgill)认为,领导是对组织内团体和个人施加影响的活动过程;罗宾斯(Stephen P. Robbins)认为,领导是指那些能影响他人并拥有权力的人。

从这些观点可以看到,领导的实质之一就是"影响力",是指领导者影响和改变下属人员心理及行为的能力。影响力是一种追随、一种自觉、一种认同,是非制度化的。影响力可以分为正向影响力和负向影响力,导致下属人员正确积极行为的影响力即为正向影响力,导致下属人员消极行为甚至错误行为的影响力即为负向影响力。影响力也可以分为强制性影响力和自然性影响力。强制性影响力产生于员工对其的服从感和敬畏感,主要来自职权,对于这种领导者,下属对其主要是敬畏感、顺服感和服从感,也叫作职位影响力。自然性影响力则产生于员工对其的敬爱感、信赖感、敬佩感和亲切感，主要来自个人独特的人格魅力，这种个人魅力使得下属甘愿受其领导并向他靠拢，自然性影响力也称为个人影响力。强制性影响力和自然性影响力二者的有机结合，才能够产生领导的"权威"，这是有效领导者的条件之一。

拥有强制性影响力的管理者不一定都可以发挥"领导"的功能，反之，自然性影响力也不一定是来自管理者。某车间有一位工作几十年的老员工，由于他娴熟的技术和良好的人脉，员工们愿意自然而然地跟随他，听他的指导和教诲，在他的指导下更快更好地完成任务。这个老员工并不是管理者，但是他在一定程度上具备了"领导"的功能；再比如说，某车间生产线的经理，一来到部门就下达指标：这个月必须完成人均2000件，超额完成的人则奖励500元，完不成的一律开除。这位经理依靠职位的强权，他也能够对大家产生影响力，但是他这种依靠强权的方式并不是员工自发自愿地去做，他虽然发挥了"管理"的功能，但是并没有很好地发挥"领导"功能。

领导的实质之二是变革创新。有效的领导者之所以与众不同，是因为其与普通的管理者存在着本质的差别。领导者承担的责任是让企业能够有明确的方向，不断适应变化。为更好地理解"领导"的实质，我们分别用"领导""管理"同"革命""企业""团队""设备"这些词汇来组词，从而来进一步理解"领导"与"管理"的区别。首先来看"领导"可以如何组词，"领导一场革命""领导一家企业""领导一个团队"等，都是恰当的组词方式，但是"领导一台设备"，这种组词方式就不合适了。再来看"管理"这个单词可以如何组词，"管理一台设备""管理一个团队""管理一家企业"都是恰当的组词方式，但是"管理一场革命"，这种组词方式就不合适了。由此可见，"管理"的实质与"领导"的实质是有区别的，"管理"是试图控制事物、控制人，"管理"侧重技术和手段、过程和方法，"管理"重点在于维持事物的秩序。"领导"则努力解放人的能量，"领导"就是要挑战现状、实现变革。如果一家企业只有"管理"，没有"领导"，这家企业可以正常运转一段时间，但就像一台设备，运转几年之后就报废了。因此，有人说，一家企业应该是：一个感性的老板在煽动，一个理性的总经理在执行；一个外向的老板在激励，一个内向的总经理在操作；一个董事长在思考，一个总经理在实践。这种说法是非常有道理的。

那么，何谓有效的领导？领导牵涉领导者和被领导者双方的互动关系，当领导者有一个想法（称为领导意图）向被领导者发出时，如果被领导者接受并依照领导者的意图去行动，才是有效的领导；当被领导者不愿意配合时，便是领导失败。

从失败领导到有效领导之间，有以下这几种等级：(1) 冲突对抗。被领导者不仅不听从指示，进而直接间接地反抗领导者，这是最为严重的后果，也是领导者最大的失败。(2) 消极抵制。虽然没有产生直接对抗的行为，但是运用各种方法与手段拖延任务、推诿责任、消极怠工等，让领导者如陷泥沼一般。(3) 无动于衷。接受指示或命令后，没有产生反应。(4) 听从指示。一个口令一个动作，能配合领导者的指示做事，但是没有下达指令，便不会自己行动。(5) 积极配合。不仅能听从指示，而且会主动请示，主动思考配合，对客户的需求反应快速，能使领导者节省心力，是得力的助手。(6) 承诺献身。这是最佳的状态，被领导者不仅能主动配合，而且会奋不顾身，遇到困难自己解决，把领导者的想法当作自己的想法，而且会拿出100%的热情与能力去面对任务。

有效领导可以分为战略、管理与行为三个层次。其中，战略层次主要是公司的愿景、文化、战略与组织结构，也是公司的核心架构，这个层次主要是保证公司的大方向具有前景、吸引力与竞争力。管理层次是目标、计划、流程与制度的制定、执行、考核与奖惩，这个层次主要是保证组织合理的运作与相互之间配合妥当。行为层次主要是领导者个人的表现，包含是否以身作则、是否关心部属、是否公平待人、是否指挥得当、是否顾及个别需求与不同情况下的合理处置。

现在，让我们回到本节开篇的"困惑与思考"，"领导"和"管理"的区别主要在于领导更多的是依靠下属对他的信服来激励下属，也就是靠着他自身的个人影响力来鼓励下属心甘情愿地去完成工作任务；而管理则更多依靠强权和权利也就是自身职位带来的职位影响力去部署任务和指派下属，这种影响力带有强制性，对下属更多的是一种强制和压力。这个观点还是有一定道理的，考虑到了领导的实质之一，即影响力。但是这个观点也不够全面，领导的实质并不只有影响力，领导同时还需要不断变革和创新。变革式领导甚至可以说是一门艺术和境界，只把领导实质说成影响力是不全面的，变革创新也是成为新时代领导人不可或缺的一个重要方面。

核心要点

领导的实质包括两个方面：一是影响力，将强制性影响力和自然性影响力二者有机结合。二是变革和创新，不断挑战现状，实现变革，引领企业走向未来。

如果一家企业只有管理，没有领导，这家企业可以正常运转一段时间，但就像一台设备，运转几年之后就报废了。

学以致用：领导是"收买人心，搭台让别人演戏"吗？

王昆担任一家公司的部门负责人已有几年时间了，他所在部门的工作虽然不是特别出色，但干得也不算太差。王昆大多数时间都比较轻闲，并不像其他部门负责人一样每天都很忙。有人向他讨教经验，王昆说：其实作为部门领导很简单，我的体会有两点，一是"收买人心"，二是"搭台让别人演戏"。

▶▶**请思考**：你是否赞同这个观点，谈谈你对这两句话的理解？

6.2 领导特质是天生的吗?

> **困惑与思考:王坚靠怎样的特质产生影响力?**
>
> 　　李军曾就职于某大型国有企业,工作稳定且薪酬可观。数年前的某日,李军与久不见面的战友王坚偶遇。两人许久不见,除了叙旧外,王坚还谈论起自己的创业情况。聊天结束后,李军毅然决然辞去央企的工作,决定加入王坚的创业队伍。
>
> 　　最近,李军谈到了他当年辞去国有大企业工作这件事时,李军认为王坚身上的几个特点深深地影响了他。
>
> 　　首先从创业热情角度来说,王坚对游戏行业的喜爱可以说是疯狂,自然也是对这个行业十分了解。其次,王坚个性坚韧,十分渴望成功。再次,王坚和他聊起创业事宜的时候,已经对公司未来的规划有了清晰的思考。最后,王坚还是一个非常有责任心善良的人。
>
> ▶▶ **请思考:** 王坚表现了哪些方面的领导者特质?

　　如何提高领导的有效性,一直是管理学界关注的热点问题。从 20 世纪 40 年代开始,学者们从不同角度对领导有效性问题开展了大量研究。

　　早期的研究更多关注的是领导者特质,比如领导者的性格、进取心、正直与诚实,等等,一些学者认为,凡是能够成为领导的人,一定是因为他们具备了与众不同的特质,这些学者所提出的领导理论被称为"领导特质理论"。但是后来大量的研究发现,具备相同特质的人并不一定都成为领导,同样都是领导,他们的特质却不完全一样。个人特质对于领导的有效性有一定的影响,但并不是最关键性的因素。于是,人们开始关注领导的行为和风格,一些学者认为,领导的有效性取决于领导的行为和风格，一定存在着某种最有效的领导行为或风格，这些学者所提出的领导理论被称为"领导行为（风格）理论"，但是后来大量的研究发现，相同的领导行为（风格）并不一定都是有效的，同样都是领导，他们的领导行为和风格却不完全一样。

现在，学者们终于认识到，应该要根据情境的不同，选择不同的领导者和不同的领导行为（风格），这一类理论被称为"领导情境理论"，又称为"权变领导理论"。

首先我们来讨论领导特质理论。领导特质理论也称领导素质理论，这种理论着重研究领导者的品质和特性，是领导理论研究的开端。领导特质理论根据特质来源的不同有两个分支：传统特质理论和现代特质理论。传统特质理论认为领导者所具有的特性是天生的，是由遗传决定的；现代特质理论认为领导者的特性和品质是在实践中形成的，是可以通过教育训练培养的。随着研究的深入和实践的反馈，传统特质理论受到了各方面的质疑，1940~1947年的124项研究发现，"天才领导者"的个人特性是各种各样的，各特性之间甚至相互矛盾。许多被认为具有天才领导者特性的人，并没有成为领导者。传统的领导特质理论由于其自身的局限性，如今已经很少有人赞同这种观点。

现代领导特质理论认为：领导者的特性和品质并非全是与生俱来的，可以在领导实践中形成，也可以在训练和培养中形成。今天的管理研究与实践已经证明，领导者的特性和品质对于领导有效性有着重要影响，有效的领导者是需要具备一些基本的素质要求的。同时，领导者的特性和品质是可以通过不断的管理实践和培养的方式得到提高的，但也并不是决定领导有效性的唯一因素。

20世纪90年代以来，国内外学者对领导特性理论的研究主要聚焦于魅力型领导的研究。魅力型领导通常被认为具有超凡的领袖魅力，他们通过自己的魅力能够很好地影响下属，极富感染力。魅力型领导一般具有以下特点：

第一，具有远景规划以及清晰描述这种目标的能力。汉朝开国皇帝刘邦，就具备非常强的远景规划能力，在他还势单力薄的时候，刘邦就坚定地告诉自己的拥护者什么才是发展大势，他们一定可以一统天下。正是刘邦这种造梦精神，以及清晰描述目标远景的能力，一直鼓舞着他的拥护者追随他建立汉朝。

第二，对于理想矢志不移的执着追求。在前面讲述西游记团队的管理启示时，我们提到，西游记团队能够获得成功，正是由于唐僧对理想的坚定和执着，才能带领团队取到真经。

第三，敢冒风险，愿意承担责任。个人和组织的决策需要一定程度的主观判断，这种判断是在有限、理性的条件下进行的。它需要高瞻远瞩的智慧和非凡的创造性，需要历史性的魄力和伟大的牺牲精神。

第四，强烈的创新意识。现代社会，没有创新寸步难行，因此要成为一个优秀的领导者，创新意识是必不可少的。

第五，强烈的自信心。强烈的自信心与领导者的造梦能力是分不开的，正是由于领导者这种自信心的支撑，才让员工看到远景实现的可能。

现在我们回到本节开篇的"困惑与思考"，王坚具备了领导者哪些方面的特质？首先，王坚对于专业知识的掌握很扎实，这是创业入门的基础。其次，王坚有着强烈的自信心和上进心以及强烈的成功欲望，这是有效领导者必不可少的条件。最后，王坚有着清晰的目标规划和表达能力，这些都是作为一个成功领导者不可或缺的特质。

核心要点

领导的实质包括两个方面：一是影响力，将强制性影响力和自然性影响力二者有机结合。二是变革和创新，不断挑战现状，实现变革，引领企业走向未来！

领导者的特性和品质并非全是与生俱来的，可以在领导实践中形成，也可以在训练和培养中形成。

学以致用：你了解这些人的领导特质吗？

任正非、马云、董明珠所领导的企业，在现阶段都取得了比较大的成功，但是他们的领导特质不完全一样。

▶▶**请思考**：运用领导特质理论分析，任正非、马云、董明珠各自的领导特质具有怎样的共同点和不同点？

6.3 如何选择领导风格？

如何选择领导风格？

困惑与思考：他们属于哪种类型的管理风格？

我有一次在给 MBA 学员上课的过程中，一位刚创业几年的 MBA 学员说出了他的烦心事："我非常重视公司的日常管理，凡是可以量化考核的工作，我都制定了相应的考核指标。但是有些岗位的工作，很难制定量化考核指标，我便会经常去巡视，严格监管他们的工作投入程度。但是，我每次巡视时，都会发现有一些员工的工作比较散漫，一旦发现员工没有履行职责，我就会请他们走人。但是，这样做的效果并不理想，一方面，我自己需要花费太多时间去监管，身心疲惫；另一方面，员工的工作投入似乎也没有太大变化"。

另一位 MBA 学员站起来说："我认为这种严密监督员工的做法有问题，不应盲目地对员工实行严格监管，而应该多多了解员工的需求，信任员工，关心员工的成长与发展……"一时间，针对这个问题的议论，众说纷纭。

▶▶**请思考**：从这两位学员的发言中，你认为他们分别属于什么类型的管理风格？哪种管理风格更有效呢？

领导行为理论，又被称为"领导风格理论"，该理论试图解释哪种领导行为或风格更有效。我们重点介绍比较有影响的三种：勒温的领导方式理论、领导行为四分图理论、管理方格理论。

德裔美国心理学家库尔特·勒温（Kurt Lewin）将领导风格分为三种：第一种是"专制型"。专制型领导方式认为下属应该一切行动听指挥，领导做决策与下属无关，下属只能执行。第二种是"民主型"。民主型领导方式强调放权，将权力交给下属，强调听取下属意见、进行讨论后做出决策。第三种是"放任型"。放任型的领导方式事先无布置，事后无检查，权力完全交给下属。

勒温认为，这三种不同的领导风格，会造成三种不同的团体氛围和工作效率。在这三种领导行为中，民主型领导风格的工作效率最高，是最好的一种领导风格。放任型领导方式工作效率最低，是最差的一种领导风格。

在现实的组织与企业管理中，很少有极端型的领导，大多数领导都是界于专制型、民主型和放任型之间的混合型。勒温能够注意到领导者的风格对组织氛围和工作绩效的影响，区分出领导者的不同风格和特性并通过实验的方式加以验证，这对实际管理工作和有关研究非常有意义。许多后续的理论都是从勒温的理论发展而来的，例如坦南鲍姆和施密特（Tannenbaum & Schmidt）的领导行为连续体理论就是为解决勒温等的研究中提出的问题而提出的理论。但是，勒温的理论也存在一定的局限。这一理论仅仅注重了领导者本身的风格，没有充分考虑到领导者实际所处的情境因素，因为领导者的行为是否有效不仅仅取决于其自身的领导风格，还受到被领导者和周边的环境因素影响。

领导行为四分图理论是由美国俄亥俄州立大学学者于1945年提出来的，他们根据"关心任务"程度和"关心人"程度这两个维度，对领导行为（风格）进行分类，如图6-1所示。

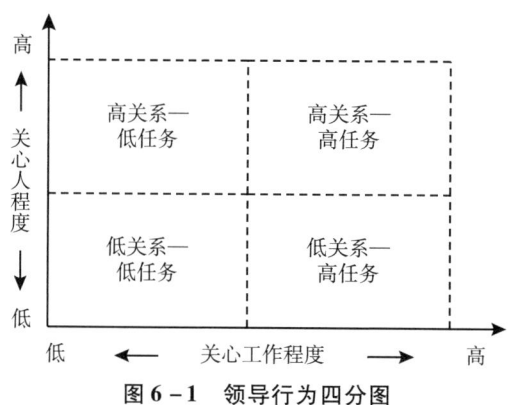

图 6-1 领导行为四分图

资料来源：作者整理。

（1）"关心任务"维度：分为高和低两个等级，"高任务"是指领导者主要关注的是，怎么样去完成任务；"低任务"则是指领导者对于任务的关心程度相对较低。"关心任务"维度得分高的领导者，他在工作当中会强调为员工确定具体的工作任务，制定具体的绩效考核标准，确定工作的最后期限等。

（2）"关心人"维度：分为高和低两个等级，"高关系"是指领导者尊重和关心下属的看法和感受，强调建立相互信任的工作关系；"低关系"则是指领导者在这方面的关心程度相对较低。"关心人"维度得分高的领导者，强调帮助下属解决个人的问题，会欣赏和支持自己的下属，强调关注下属的感受，关注上下级良好关系的建立。

在现实生活中，大多数领导者会偏向于"关心任务"维度的领导方式，也就是任务导向，而有些领导者则更偏向于关心下属的"关心人"维度导向。如果一位管理者，经常挂在嘴上的话是：不管员工能不能接受，该做的事情就必须做，然后他就会强势推行某个制度或是某种措施，这是比较典型的"高任务"领导者。

根据"关心任务"和"关心人"维度的高低可以将领导行为分为四种：高关系—高任务、低关系—低任务、高关系—低任务、低关系—高任务。领导行为四分图认为，高关系—高任务是最好的领导行为。

管理方格理论是由美国管理学者布莱克（Robert R. Blake）和莫顿（Jane S. Mouton）在1964年提出的。管理方格理论是在领导四分图基础上发展而来的。管理方格理论也是根据"关心任务程度"和"关心人程度"两个维度对领导行为（风格）进行划分，每个维度划分为9个等级，共有81种不同类型的领导风格，其中有5种典型的领导风格。1.1型，贫乏型的领导。这种领导风格对业绩和对人关心都很少。1.9型，乡村俱乐部型领导。这种领导风格对业绩关心少，对人关心多。9.1型，"军事化型"领导，也叫"专制任务式"领导。这种领导风格对任务关心多，但是对人不太关心，作风专制。9.9型，"团队型"领导行为，也叫"战斗集体式"领导行为。这种领导风格对任务和对人都很关心。5.5型，"中庸型"领导行为。这种领导行为既不是那么地关心人和关心任务，又不是完全不关心，风格中庸。

现实生活中，这5种典型的领导行为（风格）都是存在的，管理方格理论认为9.9型，也就是"团队型"领导行为，属于理想式领导行为，也是最好的一种领导风格。勒温领导方式理论、领导行为四分图理论、管理方格理论，都是试图发现一种最理想的领导行为（风格）。究竟哪种领导行为（风格）的工作绩效最高呢？其实结论是不肯定的，要视具体情况而定。

现在，我们回到本节开篇的"困惑与思考"，从这两名学员的发言中，你认为他们分别是属于什么类型的管理风格？哪种管理风格更有效？我们可以看出，第一位学员强调的是对员工进行监控，靠权力和强制命令来进行管理，属于专制型领导风格。第二位学员强调的是要给下属较大的工作自由空间，了解员工的需求，关心员工的成长与发展，属于民主型领导风格。这两种风格，不存在哪种最好，哪种最差。专制型领导方式有利于解决现阶段员工工作懈怠的问题，但是员工大多处于销售职位，自由度较大，监控这种方式只会打击员工积极性，所以只靠专制式领导方式是不能从根本上解决员工的问题的；而民主型领导方式虽然看起来较为适合当前的状况，但是时效性较慢，无法立马解决问题。

因此我的建议是，要将这两种领导方式结合起来，既能提高员工的积极性，又能在短时间内立马见到成效。

核心要点

勒温将领导风格分为三种："专制型""民主型""放任型"，他认为，民主型领导风格的工作效率最高，是最好的一种领导风格。

领导行为四分图理论根据"关心任务"程度和"关心人"程度这两个维度，将领导行为分为四类，分别是"高关系—低任务""高任务—低关系""高任务—高关系""低任务—低关系"。

管理方格理论也是根据"关心任务程度"和"关心人程度"两个维度对领导行为（风格）进行划分，每个维度划分为9个等级，共有81种不同类型的领导风格，其中有5种典型的领导风格，分别是贫乏型的领导、乡村俱乐部型领导、"军事化型"领导（也叫"专制任务式"领导）、"团队型"领导（也叫"战斗集体式"领导）、"中庸型"领导。

学以致用："授人以欲"与"授人以娱"有道理吗？

有人说：员工的离职原因各种各样，只有两点最真实：

（1）钱，没给到位；

（2）心，受委屈了。

有人还总结了带团队的两点建议：

（1）授人以欲：激发员工上进的欲望，让员工树立自己的目标；

（2）授人以娱：把快乐带到工作中，让员工获得幸福。

▶▶**请思考**：请应用领导行为四分图理论分析，这个建议有道理吗？

6.4 领导模式讲究权宜因变

领导模式讲究权宜因变

困惑与思考：李经理应该采取怎样的领导方式？

李经理刚晋升为某景观设计公司设计部经理，升迁的喜悦和因升迁产生的压力一起出现。

他的几位下属中，小张毕业于名校，专业能力很强，但总觉得自己大材小用，不太遵守公司纪律，对客户的态度也不够耐心。

小王学纯艺术出身，之前对设计行业不太了解，业务能力不够强，但工作态度很好，并且虚心进取。

小杨的工作经验非常丰富，能力强，并且工作认真负责。

小邹相比较之下，能力就较差了，一方面他刚刚大学毕业，并没有什么工作经验，学的也不是本专业，设计方案经常出纰漏。除此之外，面对平时工作中出现的错误，他总是敷衍了事的态度，并非真正虚心接受。

▶▶**请思考**：面对这几种不同类型的员工，李经理应该采取什么样的领导方式？

面对不同的员工、不同的任务环境，我们应该如何选择领导模式，这是很多管理者感到十分困惑的问题。在这里，我们为大家介绍"领导情境理论"，又称为"权变领导理论"。"权变"，就是根据情境的不同，权宜因变。领导情境理论认为，不存在适用于所有情景的管理方法，领导者要根据组织的环境和内部条件的变化，相应改变自己的领导风格，从而管理不同的下属。

首先，我们来介绍费德勒的权变领导理论。为了搞清楚在哪种领导情境下，哪种领导风格最有效，美国管理学者费德勒开展了调查研究。

费德勒首先将接受调查的领导者的情境进行了分类,费德勒认为有三种因素决定了领导情境的特征。

(1) 上下级关系:即领导者能否得到下属的信任、尊重和喜爱。

(2) 职位权力:即领导者所拥有的职位权力大小,以及下属对领导者权力的认可度。

(3) 任务结构:即所需要完成的工作任务复杂程度,工作的目标、方法和步骤是否明确。

上下级关系分为好、差两种;职位权力分为强、弱两种;任务结构分为明确、不明确两种。这几种情况的排列组合,可以分为八种情境类型。在费德勒看来,在领导情景的三个因素中,"上下级关系"是最重要的因素,"有利"的领导情境的必备条件就是"上下级关系"好。如果"上下级关系"好,只要职位权力和任务结构这两个因素中,有一个因素的条件比较好,都是属于"有利"的领导情境,如表6-1中的1、2、3这三种;如果领导情景的三个因素都不理想,如表中的8,就属于"不利"的领导情境,其他的情况如表中4、5、6、7,则属于"中等"的领导情境。

表 6-1　　　　　　　　费德勒的权变领导模型

上下级关系	好				差			
任务结构	明确		不明确		明确		不明确	
职位权力	强	弱	强	弱	强	弱	强	弱
环境类型	1	2	3	4	5	6	7	8
情境特征	有利				中等			不利
领导风格	任务导向型				关系导向型			任务导向型

资料来源:作者整理。

其次,费德勒对调查对象的领导风格进行了分类。他设计了一种非常有特色的调查问卷——最不喜欢的同事（LPC）调查问卷，要求大家对自己心目中最不喜欢的一位同事进行评价。如果他是以相对积极的词汇来描述最不喜欢的同事，LPC得分相应就高，费德勒认为这位领导注重人际关系，他的领导风格属于"关系导向型"。如果他对最不喜欢的同事的评价很差，他的LPC得分相应就低，费德勒认为这位领导可能更加关注生产，他的领导风格属于"任务导向型"。

费德勒的调查结果发现，在"有利"和"不利"这两种领导情境下，采取"任务导向型"的领导方式，领导者绩效最理想；而在"中等"的领导情境下，"关系导向型"领导方式，领导者绩效最理想。

另外一种有影响的领导情境理论是：领导生命周期理论。领导生命周期理论是由美国学者赫西（Paul HeMsey）和布兰查德（Kenneth BlanchaMd）提出来的，该理论认为领导风格应根据下属的成熟度而相应改变。该理论是在领导风格四分图基础上发展而来，按照"关心工作程度"和"关心人的程度"两个维度，将领导风格划分为四种类型：命令型领导方式（高工作—低关系）、说服型领导方式（高工作—高关系）、参与型领导方式（低工作—高关系）、授权型领导方式（低工作—低关系）。

（1）命令型，实际上就是"高工作—低关系"型，在这种领导方式下，由领导者决定下属做什么、如何做以及什么时间完成任务，不关心下属的工作意愿，通常采用单向沟通方式。

（2）说服型，实际上就是"高工作—高关系"型，在这种领导方式下，领导者除了向下属布置任务外，还关心下属的工作意愿，并与下属共同商讨工作，通常采用双向沟通方式。

（3）参与型，实际上就是"低工作—高关系"型，在这种领导方式下，领导极少命令下属，与下属共同进行决策，强调激发下属的工作意愿。

（4）授权型，实际上就是"低工作—低关系"型，在这种领导方式下，领导者几乎不提供指导或支持，通过授权鼓励下属自主做好工作。

领导生命周期理论认为下属的成熟度包括两个方面。①工作成熟度：即下属是否具备完成该任务的知识与技能。②心理成熟度：即下属是否具备足够的工作意愿与动机。根据这两个维度的高低，下属的成熟度可以分为四种：

M1（第一种）：工作成熟度低，心理成熟度低；

M2（第二种）：工作成熟度低，心理成熟度高；

M3（第三种）：工作成熟度高，心理成熟度低；

M4（第四种）：工作成熟度高，心理成熟度高。

领导生命周期理论认为，要依据下属不同的成熟度，选择不同的领导风格。

当下属为 M1 型，也就是工作成熟度和心理成熟度都很低时，应该选择"命令型"领导方式。当下属为 M2 型，也就是工作成熟度较低，心理成熟度较高时，应该选择"说服型"领导方式。当下属为 M3 型，也就是工作成熟度较高、心理成熟度较低时，应该选择"参与型"领导方式。当下属为 M4 型，也就是工作成熟度和心理成熟度都较高，应该选择"授权型"领导方式。

现在，让我们回到本节开篇的"困惑与思考"，面对这几种不同类型的员工，李经理应该采取什么样的领导方式？小张属于工作成熟度高，心理成熟度低，处于 M3 阶段，应采取高关系—低工作的参与型领导方式。小王属于工作成熟度低—心理成熟度高，处于 M2 阶段，应采取高关系—高工作的说服型领导方式。小杨的工作成熟度和心理成熟度都较高，成熟程度为 M4 阶段，应采取低工作—低关系的授权型领导方式。小邹的工作成熟度和心理成熟度都较低，成熟程度为 M1 阶段，应采取低关系—高工作的命令式领导方式。

核心要点

领导情境理论认为：在管理活动中，不存在适用于所有情景的方法，领导者要根据组织的环境和内部条件的变化，相应改变自己的领导风格，从而适应下属的不同。

领导生命周期理论按照"关心工作程度"和"关心人的程度"两个维度,将领导风格划分为四种类型:命令型领导方式(高工作—低关系)、说服型领导方式(高工作—高关系)、参与型领导方式(低工作—高关系)、授权型领导方式(低工作—低关系)。

领导生命周期理论认为,下属的成熟度包括"工作成熟度"和"心理成熟度"两个方面。

学以致用:两种不同的管理风格,为什么都有好的管理效果?

张江和王兵分别为不同公司的部门经理,他们所管理的部门员工工作效率都很高。但是,他们谈到对员工的管理风格却截然不同。

张江认为:一定要将工作任务和方法统统给员工指明,这样员工的工作效率自然就能提高。

王兵则认为:管理者这样做多累啊,管得太多,将会影响员工工作的主动性、积极性,我"放养"员工,但是员工业绩从来也不差呀。

▶▶**请思考**:张江和王兵两种不同的管理风格,为什么却有同样好的管理效果?

6.5　创新与企业家精神

创新与企业家精神

困惑与思考:你能够画出这幅图吗?

请大家准备一张白纸,我们一起来画一个图。我们先画一个十字坐标,然后以中间这个点为中心,画一个大正方形。接下来,还是以中间这个点为中心,画一个小正方形,小正方形的边长是大正方形边长的一半,小正方形缺少右下角,小正方形的其他部分涂成灰色。

再接下来,请大家将这个大正方形右上角的白色部分,用最少的直线划分成形状、面积都要相同的两大块。这个很容易，我们直接划一条斜线就可以了，如图6-2的右上角部分所示。

再请大家将这个大正方形左上角的白色部分划分成形状、面积都要相同的三大块。大家一定会觉得这个更容易，我们用两条直线就可以了，如图6-2的左上角部分所示。

最后，请大家将这个大正方形左下角的白色部分划分成形状、面积都要相同的四大块。这个还是有一定难度的，需要大家思考一段时间，才有可能画出来。正确的方案如图6-2左下角部分所示。

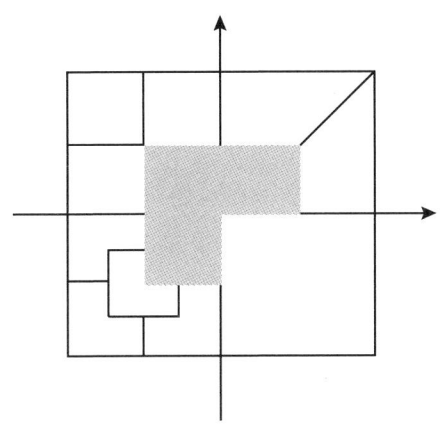

图6-2　示意图（一）

▶▶**请思考**：如果要将这个大正方形右下角的白色部分划分成形状、面积都要相同的七大块，你能够画出来吗？

什么样的人能够被称为企业家？如果你在市中心开办了一家小餐厅，或者在商业旺地开了一家服装店。如果你只是做一些重复，没有创造性的事情，你是企业家吗？当然不是，你最多算是一位成功商人，而不是一位企业家。事实上，在所有的企业当中，企业家只占极少的一部分。他们创造出了新颖、与众不同的东西，这种与众不同的东西，不只是产品，还包括服务和商业模式等。

企业家需要用资本去从事创新性的经济活动，他们是用现在的资源去实现对未来的期望，这中间就存在着风险和不确定性。所以，企业家的一大特征，就是愿意面对和承担未来的风险，而相反，追求确定性的人，往往是不能成为优秀的企业家的。正如法国经济学家萨伊（Jean Baptiste Say）对企业家的定义："企业家是敢于承担风险和责任，开创并领导一项事业的人"，也就是说企业家和企业家精神的本质就是创新精神。企业家精神最本质、最重要的一条要求就是，要做与众不同的事，而并非仅仅将已经做过的事情做得更好。企业家的精神就是从事创新，创新是企业家与一般商人的区别所在。创新就是要打破传统思维。

有这样一个管理故事，叫作"不拉马的士兵"。有一位年轻的军官，上任后不久，他到一个炮兵班去视察。他发现一个炮兵班有4个士兵，其中3个士兵都有具体的任务，1人专门负责瞄准，1人专门负责填炮，1人专门负责发射，但是有1个士兵自始至终站在大炮旁边，纹丝不动，什么事也没有做。军官问他，你的职责是干什么，他说：我就负责站在这里，训练条例就是这样规定的。这位年轻的军官又问了很多人，大家都说：自古以来，兵书上就是这样写的。

这位年轻的军官查阅了很多的军事文献，终于发现，在过去，大炮是由马车运载到前线的，站在大炮旁边的士兵，他的任务就是负责拉住马的缰绳，以防止大炮发射过程中产生距离偏差。现在情况已经发生大变化了，马车拉炮也早就不存在了，但训练条例并没有及时调整，因此才出现了"不拉马的士兵"。

这个故事在今天当然是一个笑话，但是笑过之后，我们思考一下，这种人和这种事，在我们现实管理工作中是大量存在的，很多的事情，过去是合理的，但是现在情况发生变化了，今天仍然合理吗？

德国心理学家邓克尔（Karl Danker）做过这样一个实验。他将实验对象随机分为A、B两组。交给A组成员一根蜡烛，一些可以固定蜡烛的绳子、图钉，再给他们一盒装满了火柴棍的火柴盒，对他们提出的要求是：要把蜡烛固定在墙壁上，并且点燃这个蜡烛，但是当蜡烛燃烧时，蜡烛油不能滴在地板上。这一组的成员，尝试了很多方法，都无法确保蜡烛油不会滴到地板上。

接下来，对 B 组做同样的实验，也是交给 B 组成员 1 根蜡烛，一些可以固定蜡烛的绳子、图钉，再给他们一个空的火柴盒，另外单独给他们几根火柴棍。对这组成员提出的要求也是：要把蜡烛固定在墙壁上，并要保证蜡烛燃烧时，蜡烛油不能滴在地板上。

结果发现，B 组的多数成员很快就会想到，先将空的火柴盒用图钉固定在墙上，再将蜡烛放到空的火柴盒上，然后点燃它，这样就可以保证蜡烛油不会滴在地板上。当然，A 组的成员需要过一段时间后，也会有人想到这种方案。

这说明什么问题？当盒子装满火柴时，我们就认为那只是一个装火柴的容器，而当这个盒子是空盒子时，我们更容易想到这是一个可以支撑蜡烛的支撑物。现实生活中，类似的现象是大量存在的，这就是一种惯性思维。

现在我们回到本节开篇的"困惑与思考"，如何将右下角的白色部分划分成形状、面积完全相同的七大块呢？其实很简单，直接画横线或直线就可以了。请看图 6-3 右下角部分。

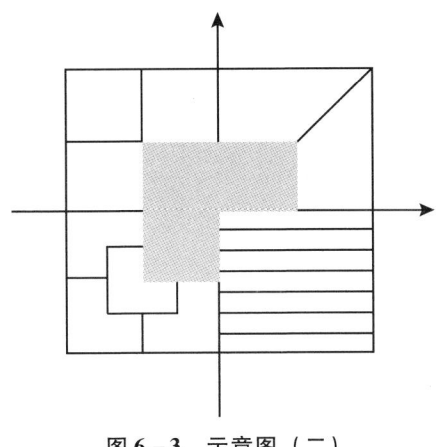

图 6-3　示意图（二）

这么简单的方案，你是否都想到了呢？这个游戏，我在不少的场合带领大家做过，很多人都会冥思苦想一段时间。这是什么原因？就是由于我们都形成了思维定式。这个游戏告诉我们，人们从本能上是很容易形成惯性思维的。在今天这样一个变革的时代，当代企业家一定要打破思维定式，要不断地创新与变革，这是企业家的基本使命，创新是企业家的灵魂，也是企业发展的源动力。

核心要点

企业家精神最本质、最重要的一条要求就是"要做与众不同的事"，而并非仅仅将已经做过的事情做得更好。企业家的精神就是从事创新，而创新是企业家与一般商人的区别所在。

创新就是要打破传统思维。当代企业家，一定要打破思维定式，要不断地创新与变革，这是企业家的基本使命，创新是企业家的灵魂，也是企业发展的源动力。

学以致用：企业家与一般商人有差别吗？

现实生活中，很多人都将一些成功的商人称为"企业家"，一些地方政府也经常为纳税大户颁发"优秀企业家"等荣誉称号。

▶▶ **请思考**：企业家与一般商人有差别吗？请大家列举一些具体的人和事进行分析。

6.6 管理创新的两个新趋势

管理创新的
两个新趋势

困惑与思考：黯然陨落的行业领先者，出了什么问题？

诺基亚和柯达都曾经是世界领袖级的企业，强盛之时无人能望其项背。然而，这样的企业却黯然陨落。诺基亚在智能手机领域被苹果、三星打得无还手之力，市场份额和销售收入一落千丈；而柯达更为悲惨，宣布申请破产保护，并出售1100项专利，作为行业的奠基者，其结局令人费解。

▶▶**请思考**：诺基亚、柯达当年在产品和技术方面，都属于行业领先者，为什么会突然黯然陨落？

众所周知，今天是一个不断创新与变革的时代，今天的创新出现了两种新趋势：一是在创新的内容上发生了变化，过去我们强调的是产品创新、技术创新、管理创新，今天我们会发现，这些创新仍然很重要，但是更高层次的创新是商业模式的创新。二是创新的形式发生了变化，过去我们主要是继承式创新，在现有基础上不断改变、完善，今天你会发现，继承式创新仍然很重要，但是更高层次的创新是颠覆式创新。

首先，我们来聊一聊创新的第一个趋势：商业模式创新。商业模式就是企业家为实现企业价值最大化，把能够使企业运行的内外各要素整合起来，形成一个完整高效、具有独特核心竞争力的运作系统，并通过最优实现形式满足客户需求、实现客户价值，同时使企业达到持续盈利目标的解决方案。简单地说，商业模式的核心就是企业赚钱的方式方法。

商业模式创新越来越重要，今天很多企业的成功，不仅仅是由于他们创造了一种新产品，或一种新的技术，更重要的是因为他们创造了一种新的商业模式。我们来看国美当年是如何成功的？

如果你走进国美的家电卖场，售货员告诉你，这台空调的进价是2000元，现在直接就按2000元卖给你，你是否要相信他呢？你应该相信他。道理很简单，如果按照2200元钱卖，一般需要三个月才能卖出去，如果以2000元的价格卖，现在就能够卖出去，那么这2000元会不会立即给厂家呢？其实还是要3个月后再给厂家的，但在这3个月中，可以将这2000元钱用于其他回报率更高的投资，这就是当年国美的商业模式。这种商业模式在当时就是一个很大的创新。传统家电卖场的盈利模式是怎样的？是在进价的基础上加上一定的利润空间卖出去，如果国美当年是按照传统的商业模式进行经营，它能够做到今天这个规模吗？国美当年的成功，就是由于它创造了一种全新的商业模式。与其说国美是一个家电卖场，不如说国美是一个融资平台。

我们再来看看苹果公司是如何成功的？有人说，苹果公司的成功是由于创造了一种新的技术、一种新的产品。我们说，不仅仅是这样的，苹果公司的成功更重要的是，它创造了一种新的商业模式。大家都知道，传统的手机制造商就是靠手机产品本身的利润赚钱的，苹果公司是怎么赚钱的呢？

第一，靠产品赚钱，我卖了你一台手机，我赚了你 200 元钱，这是它的第一种赚钱方式；第二，靠 App 赚钱，App 一方面提供收费的软件给用户，另一方面又向 App 开发商收取平台费用，这是苹果公司创造的一种新的赚钱方式；第三，靠 MFI（"Made for iPhone""Made for iPad""Made for iPod"），也就是苹果公司认证产品赚钱。比如说，苹果手机经过 MFI 认证的原装数据线中，售价在 100 元左右，而山寨版的数据线可能只要 10 元钱，山寨版的数据线刚开始是可以正常使用一段时间，但是，一旦苹果手机的系统升级，山寨版的数据线就可能用不了。为什么？因为，苹果手机充电口装了芯片，它可以自动识别数据线是否经过了 MFI 认证。虽然山寨版的数据线可以去破解，但一旦苹果手机进行了系统升级，山寨版的数据线就不能再使用了。

其实这些都不是苹果公司赚钱的主要方式，苹果公司更大的利润来源是什么？是大数据，我们在使用苹果手机过程中，苹果公司掌握了客户的大数据，包括用户的消费习惯、消费能力等，这样，苹果公司可以根据客户的大数据，开发出大量的衍生产品，大数据将源源不断地给苹果公司带来新的利润来源。

什么是好的商业模式？如果你靠什么赚钱，你的竞争对手都知道，这就不是一个好的商业模式，因为，只要资本实力比你雄厚一点儿的竞争对手，就可以复制你的商业模式，从而将你从市场上踢出局。好的商业模式一定是"冰山模式"。你竞争对手所知道你的赚钱方式,只是冰山一角,你更多的赚钱方式是冰山下面的,你的竞争对手根本不知道的,或者根本没有办法模仿的,这才是好的商业模式。

创新的第二个趋势是颠覆式创新。颠覆式创新的重要形式就是跨界创新,跨界创新比继承式创新更有冲击性,往往使你猝不及防。过去我们说,从一个行业进入到一个新的行业,是存在行业门槛的,今天我们会发现,这个行业门槛越来越低了,跨界竞争成为一种常态。

我们学校附近有很多自行车店,这些卖自行车店的老板每天都盯着隔壁的同行,认为他们是竞争对手。可是就在 2017 年春节后,这些老板回来后,却发现生意做不下去了。2017 年春节期间,长沙市在短时间了出现了大量的共享自行车,大家再也不需要自己购买自行车了,共享自行车更方便。这个结果应该是自行车店老板怎么也想不到的,让自己倒闭的不是"隔壁老王",而是跨界的"共享自行车"。

今天,很多行业都会发现,最大的竞争不是来自行业内部,而是来自行业外部的跨界竞争,这种跨界竞争往往是一种颠覆式创新,带来的是颠覆式冲击。例如,中国银行、中国工商银行、中国建设银行、中国农业银行,原来它们更多的是将彼此看作竞争对手,今天它们发现,最大的竞争对手并不是来自行业内部,而是来自行业外部的互联网金融,这就是颠覆式创新。

现代企业必须高度重视创新,不仅要重视产品创新、技术创新、管理创新,还要实现更高层次创新:商业模式的创新。当然,产品创新、技术创新、管理创新是基础。强调商业模式的创新,丝毫不能否定产品创新、技术创新、管理创新的基础性作用。同时,不仅仅要实现继承式创新,还要实现更高层次的创新:颠覆式创新。

现在我们回到本节开篇的"困惑与思考",诺基亚和柯达当年在产品和技术上都是领先的,它们失败的原因是什么?诺基亚和柯达拒绝时代潮流的发展,没有跳出"创新只在于产品领域"的范畴,虽然它们的产品和技术是领先的,但这只是一些基础性的继承式创新,诺基亚和柯达因为没有实现颠覆式创新，从而被一些跨界的竞争对手颠覆了。诺基亚和柯达不是输在没有创新，而是输在过多地将创新集中于那些没有发展前途的传统领域，没有实现突破性的颠覆式创新，从而导致企业的没落。

核心要点

商业模式就是企业家为实现企业价值最大化，将企业运行的内外各要素整合起来，形成一个完整高效、具有独特核心竞争力的运作系统，并通过最优实现形式满足客户需求、实现客户价值，同时使企业达到持续盈利目标的解决方案。

颠覆式创新是比继承式创新更高层次的创新。

学以致用："创新"一定要"解决实际问题"吗？

在实际工作中，关于"创新"的要求，仍然存在一些争议。有人认为："创新"一定要面向实际问题，要以"解决实际问题"为目的；也有人认为："创新"可以不面向实际问题，要以颠覆现实问题为目的。

▶▶**请思考**：你认为"创新"与"解决实际问题"有什么不同？

参 考 文 献

[1] 熊勇清. 管理学原理、方法与案例 [M]. 第一版. 上海：复旦大学出版社，2012.

[2] 熊勇清. 管理学100年 [M]. 第一版. 长沙：湖南科学技术出版社，2013.

[3] 熊勇清. 组织行为管理 [M]. 第二版. 长沙：湖南人民出版社，2016.

[4] 陈春花. 管理的常识 [M]. 第一版. 北京：机械工业出版社，2010.

[5] [美] 彼得·德鲁克. 管理的实践 [M]. 第一版. 北京：机械工业出版社，2019.

[6] [美] 彼得·德鲁克. 卓有成效的管理者 [M]. 第一版. 北京：机械工业出版社，2019.

[7] [美] 弗雷德·R. 戴维. 战略管理 [M]. 第十三版. 北京：中国人民大学出版社，2016.

[8] [美] 斯蒂芬·P. 罗宾斯，玛丽·库尔特. 管理学 [M]. 第十一版. 北京：中国人民大学出版社，2012.

[9] [美] 斯蒂芬·P. 罗宾斯，斯蒂莫西·A. 贾奇著. 郑晓明译. 组织行为学精要（原书第13版）[M]. 北京：机械工业出版社，2016.

[10] [美] 斯蒂芬·P. 罗宾斯. 管理学：原理与实践（原书第10版）[M]. 北京：机械工业出版社，2019.

后　记

现代管理所面对的新情况、新问题越来越多，对于现代管理工作者而言，了解管理活动的基本规律与方法，从中汲取管理的智慧和精华，这对于我们驾驭复杂局面，找准现代管理的着力点，开创卓越管理的新局面，都将有着积极的意义。

目前的一些管理读物，虽然知识体系严谨，但是往往晦涩沉重，这对于多数在职管理人员来说，如同阳春白雪，不易被大众所接受。因此，一直以来我都希望能够以一种轻松的笔调，向更多的人展示其鲜活的形象及独特的魅力。近年来，教育部大力推动慕课（大规模开放在线课程）建设，鼓励各高校推出一批既可以满足高校跨校共享，又可以适应社会大众普及性学习要求的在线开放课程，正好契合了我搁置心头多年的愿望。为此，历经近1年的资料搜集、文稿撰写和拍摄制作，我在"中国大学MOOC""学银在线"等平台推出"管理素质与能力的五项修炼——跟我学管理学"慕课（在线视频）。该课程基于我多年管理咨询与培训经验，全程采用案例讲解的方式，力求将晦涩的管理知识讲述得简明易懂，以便更多的人能以一种轻松的形式领略管理的独特魅力。该课程上线以来，已有数万人学习观看，被多家大型企业指定为管理素质与能力培训的必修课程。本书便是在该慕课基础上形成的，既可以作为该慕课的配套教材，又可以作为学习管理的一本通俗读物。

本书获得了中南大学教育教学改革研究项目（创新创业教育课程、精品教材建设）的经费支持。在书稿撰写及慕课拍摄制作过程中，秦书锋、胡娟、苏燕妮、何舒萍、王六营、徐文、刘徽、林钰青、王俊峰、张志剑、熊裕康、熊桢、张秋玥等付出了大量的劳动。经济科学出版社李雪编辑对于本书的出版给予了大力支持。同时，在本书的撰写过程中，我们引用了国内外专家学者的观点或案例等资料，谨致以真挚的谢意。

熊勇清

2020 年 7 月于长沙